HEYNE
BÜCHER

CHINESISCHE TIERKREISZEICHEN

herausgegeben von
Patrick Ravignant

SCHLANGE

1905 · 1917 · 1929 · 1941
1953 · 1965 · 1977 · 1989

von
Catherine Aubier

unter Mitarbeit von
Josanne Delangre

Deutsche Erstveröffentlichung

WILHELM HEYNE VERLAG

MÜNCHEN

HEYNE TIERKREIS-BÜCHER
Nr. 14/234

Titel der französischen Originalausgabe
ZODIAQUE CHINOIS
LE SERPENT
erschienen bei M. A. Editions, Paris
Deutsche Übersetzung von Jutta Hein

6. Auflage
(1. Auflage der überarbeiteten Neuausgabe)

Printed in Germany 1993
Bildnachweis: Privatarchiv Catherine Aubier und J. B. Duméril; Nghiêm Toan/
Louis Ricaud, Collection Unesco; Vever Collection, Jack Millier, Band 1, 2, 3
(Sotheby Parke Bernet, 1976); Gale Catalogue of Japanese Paintings and Prints,
Jack Millier (Sanders-Valansot Publication, 1970)
Umschlaggestaltung: Atelier Bachmann, Reischach
Satz: Schaber, Wels
Druck: Pustet, Regensburg

ISBN 3-453-06691-X

INHALT

VOM UMGANG MIT DIESEM BUCH

Jedes Kapitel dieses Buches bietet Ihnen eine besondere Möglichkeit an, Ihre Persönlichkeit im Rahmen des chinesischen Horoskops anzusiedeln. Diese unterschiedlichen Perspektiven ergeben einen erweiterten Gesichtspunkt, der sich abwechslungsreich und einfühlsam mit den Hauptrichtungen Ihres Charakters, Ihres Verhaltens und mit den großen Linien Ihres Schicksals befaßt.

I

Welches sind die besonderen Charakteristiken Ihres chinesischen Sternzeichens, das von Ihrem Geburtsjahr bestimmt wird? (S.-23)

II

Welches ist Ihr Weggefährte, das heißt das Zeichen, das durch Ihre Geburtsstunde bestimmt wird? (S. 61)

III

Welches ist Ihr Element (Erde, Wasser, Feuer, Holz, Metall), und welche Charakteristiken hat es? (S. 73)

IV

Die Synthese Ihres chinesischen und Ihres westlichen Sternzeichens (Widder, Stier usw.) liefert zahlreiche Nuancen, mit denen sich Ihr psychologisches Porträt einfühlsam umreißen läßt. Schlagen Sie unter dem Mischtyp nach, zu dem Sie gehören. (S. 101)

V

Das astrologische I-Ging-Spiel wendet das antike taoistische Buch der Wandlungen auf jedes chinesische Sternzeichen an. Es bietet Ihnen die Möglichkeit, Fragen zu allen Sie betreffenden Problemen zu stellen – alltäglichen und allgemeinen –, und Sie bekommen ein Ihrer Situation entsprechendes Orakel. (S. 117)

DIE GEHEIMNISSE DER CHINESISCHEN ASTROLOGIE

所固不可。然聖人如此說、便是有此理。問死者魂氣既散、而立

須聚得些子氣在這裏否。曰、古人自始死、弔魂復魄、立重設主、

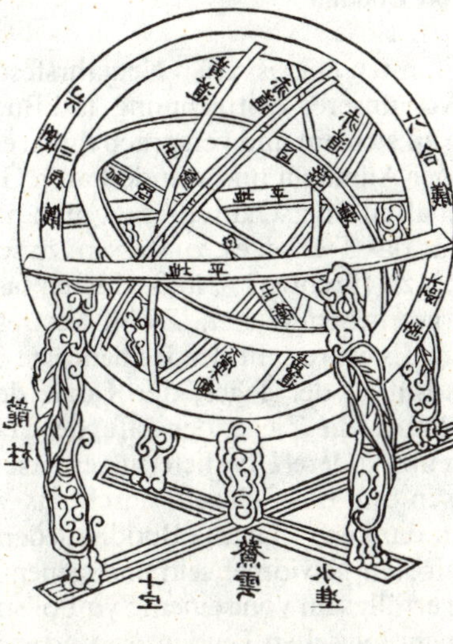

Die Legende von Buddha

Zu einem bestimmten chinesischen Neujahrsfest, mehr als fünf Jahrhunderte vor unserer Zeitrechnung, lud Buddha alle Tiere der Schöpfung zu sich ein und versprach ihnen eine Belohnung als Zeichen seiner Allmacht und wunderbaren Güte. Den Geist von Tagesgeschäften überschattet – sagt man nicht im Orient, das Typische für das Tier sei es, zu fressen, zu schlafen, sich zu paaren und sich zu fürchten? –, mißachteten fast alle die Aufforderung des göttlichen Weisen. Zwölf Vertreter waren dennoch anwesend. Es waren, in der Reihenfolge ihrer Ankunft, die Ratte, der Büffel, der Tiger, die Katze, der Drache, die Schlange, das Pferd, die Ziege, der Affe, der Hahn, der Hund und das Schwein. Andere Überlieferungen ersetzen die Katze durch den Hasen und das Schwein durch das Wildschwein.

Um ihnen zu danken, schenkte Buddha jedem der Tiere ein Jahr, das ihm fortan gewidmet sein und seinen Namen tragen sollte. Es sollte erfüllt sein von seinem Symbolismus und seinen besonderen psychologischen Tendenzen, und es sollte von Zeitalter zu Zeitalter den Charakter und das Verhalten der Menschen prägen, die in diesem Jahr geboren werden.

So entstand der Zyklus von zwölf Jahren, der sich nach Reihenfolge und Rhythmus dieser fantastischen Tierversammlung richtet. (Man kann sich die schwindelerregende Arbeit der Astrologen vorstellen, wenn alle Tiere dem Appell gefolgt wären!)

Soweit die Legende.

Ein Mondzyklus

In Wirklichkeit ist die chinesische Astrologie viel älter als die Entwicklung des fernöstlichen Buddhismus, der sich erst im 5. Jahrhundert christlicher Zeitrechnung etablierte, also rund 1000 Jahre nach dem irdischen Auftritt des Buddha Gautama. Die Astrologen aber übten ihre Kunst in China schon zehn Jahrhunderte vor Christus aus. Die Ursprünge dieser Astrologie sind allerdings ebenso umstritten wie uralt.

Ein Punkt ist unanfechtbar. Im Gegensatz zum Westen, der eine Sonnen-Astrologie geschaffen hat, die auf den Wanderungen der Sterne von Monat zu Monat in den Tierkreiszeichen basiert, hat der Ferne Osten eine Mond-Astrologie aufgebaut, die auf den jährlichen Mondwechseln beruht. Deshalb fällt das asiatische Neujahrsfest niemals auf dasselbe Datum (s. Übersicht auf S. 139).

Die Mondphasen sind auch für westliche Astrologen wichtig, aber ihre Bedeutung und die Folgerungen sind nicht zu vergleichen, da sie sich nicht in denselben Zusammenhang und dasselbe Wechselspiel einordnen.

Ohne in allzu wissenschaftliche Betrachtungen zu verfallen – die sich bei der Vorbereitung dieses Buches ergaben –, erinnern wir uns einfach an die offensichtlichen und vielfältigen Einflüsse des Mondes auf die physikalischen Gesetze, auf Ebbe und Flut, auf subtile Lebensregungen des Körpers, auf die Menstruation bei der Frau und auf die geheimnisvollen Tiefen der seelischen Struktur. Der Begriff »mondsüchtig« hat eine sehr treffende Bedeutung, sogar im klinischen Sinn. Statistische Erhebungen machten zum Beispiel ein merkwürdiges, auffälliges Ansteigen von Gewalt und blutiger Kriminalität bei Vollmond deutlich.

Andererseits haben genaue Experimente den Einfluß unseres Trabanten auf die chemische Zusammensetzung bestimmter Körper aufgezeigt, deren Molekularstruktur verändert werden kann, je nachdem, ob sie dem Mondlicht ausgesetzt werden oder nicht.

Die Nuancen

Jetzt sind wir also bei unseren zwölf Tierzeichen der östlichen Astrologie. Kann man sagen, daß alle Personen, die das Licht der Welt in einem Jahr der Ratte oder des Pferdes erblickt haben, auch denselben Charakterformen und Schicksalen unterworfen sein werden? Nicht mehr als Widder- oder Waage-Geborene, die auch nicht alle auf dieselbe Anordnung im Tierkreis zu reduzieren sind.

In unserer westlichen Astrologie erlauben es die Planetenpositionen, die Berechnung des Aszendenten, der Himmelsmitte und der Häuser, einen Bereich beachtlich zu verfeinern und individuell zu gestalten. Genauso bekommt man in Asien Ergebnisse von außerordentlicher Genauigkeit und Vielfalt, wenn man zu den Ausgangspositionen Faktoren hinzunimmt wie den Weggefährten, der durch die Geburtsstunde bestimmt wird (nicht zu verwechseln mit dem Aszendenten), und das vorherrschende Element, bezogen auf die fünf Elemente Erde, Wasser, Feuer, Holz, Metall.

Dieser dreifache Gesichtspunkt – Tierzeichen, Weggefährte, Element – liefert dem Leser eine Vielfalt von zusätzlichen Informationen, eine Menge von umfangreichen, genauen Perspektiven, denen wir eine Übersicht über die Beziehungen zwischen chinesischen und westlichen Sternzeichen hinzugefügt haben. So unterschiedlich, jedoch nie widersprüchlich, diese

Der weise Konfuzius

beiden Formen der Astrologie von Natur aus sind, kann ihre Annäherung und Verbindung doch zu einer Vertiefung der psychologischen Typisierung führen.

Wenn die Analogie auch einen hervorragenden Platz in der chinesischen Astrologie einnimmt, muß man doch deutlich darauf hinweisen, daß sie weder dieselbe Bedeutung noch dieselbe eigenständige Tragweite wie bei uns im Westen hat.

Jedes chinesische Zeichen ist ein Universum in sich, ein kleiner Kosmos mit eigenen Gesetzen und Wirkungskreisen und völlig unabhängig von den anderen Zeichen. Als lebendige Kreatur mit spezifischen Kräften und Funktionen entfaltet das Tierzeichen sich auf besondere, eigenständige Weise. Es schafft sich seinen Dschungel, seine Wolke oder seine Höhle, bestimmt seine Maßstäbe, seinen Rhythmus, seine Atmung, sondert seine ureigenste Chemie ab – oder besser, seine Alchemie. Das chinesische Zeichen ist ein weiches, fließendes Bild, das Wandlungen und inneren Widersprüchen unterworfen ist.

Man darf vor allem keinen festen Rahmen suchen, keine festgefügte Struktur, keinen Käfig mit mehr oder weniger ermutigenden geistigen Kategorien und psychologischen Gleichungen, mit denen man ein verängstigtes Ich stärken und stützen kann bei seiner ständigen Suche nach einer tröstlichen, positiven Projektion seiner eigenen Wünsche und Ängste.

Es ist oft unmöglich, die Bezüge, die uns mit unserem chinesischen Zeichen verbinden, in ausschließlichen Formeln und klaren Anordnungen darzustellen.

Das asiatische Symbol verschließt sich nicht, es bietet sich an wie ein Geschenk der Götter, der Zeit und des Mysteriums. Es ist ein köstliches oder ein vergiftetes Geschenk, das der Orientale in jedem Fall mit Ergebenheit annimmt, weil er weiß, daß die Köstlichkeit aus dem Gift entstehen kann und das Gift aus der Köstlichkeit.

Manchmal sind es im Verlauf eines Lebens die Umstände selbst, mehr als der eine oder andere Charakterzug, die die Grundtendenzen eines Zeichens zu fördern und zu verdeutlichen scheinen. Anders gesagt, um einen Drachen oder einen Hahn herum entsteht eine Verkettung größerer oder kleinerer Ereignisse, ein wenig wie eine Begleitmusik, wie ein symphonischer Hintergrund im Stil des Drachens oder des Hahns.

Haben und Sein

Die chinesische Astrologie bewegt und beeinflußt seit Jahrhunderten die Entschlüsse und das Verhalten von Hunderten von Millionen einzelner Menschen in China, Japan, Korea und Vietnam, und das mit einer Intensität, die wir nur schwer ermessen oder überhaupt erkennen können.

Um den Geist besser zu verstehen, in dem die Asiaten diese Praxis mit ihren Alltagsproblemen verbinden, muß man auf einen Hauptpunkt hinweisen, der vermutlich der fundamentale Unterschied zwischen der westlichen und östlichen Zivilisation ist: eine Trennungs- und Demarkationslinie, die so gut wie gar nicht zu überschreiten ist.

In unserer Konsumgesellschaft – ob man sie nun positiv oder negativ sieht – stellt sich die Grundfrage von der Geburt bis zum Tod und in allen Lebensbereichen so: *Was kann ich haben?*

Die Rückkehr zu sich selbst

Erwerben, erobern, besitzen. Haben: materielle Güter, Glück, Chancen, Ehre, Macht, Ansehen, Erfolg in der Liebe, Prestige, Beruf, Familie, Haus, Freunde, vielleicht auch noch Kultiviertheit, Wissen, Gelehrsamkeit. Was kann ich haben, behalten, vermehren?

Das ist die zwingende, ständige Frage, die hinter all unserem Handeln steht.

Man braucht nur an die Vorbilder zu denken, die uns vorgehalten werden: politische Größen, Super-Kaufleute, Show-Stars, gefeierte Künstler und Wissenschaftler, Meister im Sport, Roman- oder Comic-Helden, Idole aller Art. All diese Personen repräsentieren den Triumph und die Glorifizierung des Besitzes. Sie alle können sagen: Ich habe die größte Macht, das meiste Geld, die höchsten Rekorde, ich habe die meisten Diplome und das größte Fachwissen, oder sogar: Ich habe die größte Liebe und – warum nicht auch dieses? – ich erlebe das schlimmste Drama, ich habe die grausamste Krankheit, usw. Die Werteinschätzung richtet sich ausschließlich nach dem, was man hat.

Und auch dieses: Die heutzutage allgegenwärtige Werbung besteht im wesentlichen darin, darauf hinzuweisen, daß man unbedingt diese oder jene Marke, dieses oder jenes Produkt *haben* muß, um etwas zu *sein* – dynamisch, verführerisch, zufrieden, glücklich, überglücklich.

Für den traditionellen Orient ist die entscheidende Frage nicht *Was kann ich haben?*, sondern: *Was kann ich sein?*

Das erstrebte Vorbild ist nicht der große Boß, der Finanz-Supermann, der Held, der Meister aller Klassen, sondern der Weise, der arm und nackt in totaler innerer Freiheit und vollkommener Glückseligkeit lebt. Ihm fallen Prinzen und Herrscher zu Füßen, denn er ist der Inbegriff der bestmöglichen Selbstverwirklichung des Menschen.

Unter diesem Gesichtspunkt sei noch hinzugefügt, daß der Weise auf nichts verzichtet, ganz im Gegenteil. Da er ja die höchste Stufe erreicht hat, ist er unermeßlich viel reicher als die prächtigsten Nabobs. Wir sind es, die mit unseren trügerischen, zerbrechlichen Bindungen, mit unseren kindischen Begierden, unseren nicht endenwollenden Konflikten ständig auf die wunderbarste Glückseligkeit verzichten – auf Gott.

Wer bin ich? Wie auch immer der Zugang und die besonderen Methoden, die Schulen und Sekten sein mögen, diese Frage – anscheinend so einfach und banal – ist die Grundlage und der Schlüssel der gesamten östlichen Kultur, ihrer Wege zur inneren Befreiung, ihrer Pfade zum wahren Wissen, das sich Yoga, Veda, Tantra, Tao nennt, um nur die bekanntesten Richtungen aufzuzählen.

Die subtilen Welten

Unter diesem Gesichtspunkt kann uns das Vorgehen der chinesischen Astrologie verwirrend erscheinen. Der Asiate denkt nicht: Ich *habe* diese und jene Anlagen und Fähigkeiten oder Schwächen, die in meinem Horoskop liegen, sondern eher: Wie kann ich in allen Lebensbereichen ein Tiger, eine Ziege oder ein Hund *sein*?

Die Neigungen und Tendenzen stehen nie mit irgendeinem »haben« im Zusammenhang in dem Sinn, wie wir oft sagen: Ich habe diesen Vorzug oder jenen Fehler. Es handelt sich vielmehr um Richtungen, wozu ein einfühlsames, rhythmisches Vorgehen gehört, eine Art poetischer Schicksalstanz, bei dem jedes Tier seine Gangart, seine Pirouetten und seine Sprünge nach seiner ureigensten Choreographie ausführt.

Diese Nuance sollte jeder sehen, der sich entwickeln will, ohne sich in diesem schillernden, beweglichen Reich zu verirren oder sich im Kreis zu drehen.

Das astrologische I Ging

Im letzten Teil dieses Buches regen wir zu einem Spiel an, das von den Orakeln des I Ging beeinflußt ist und jedem Zeichen angepaßt wurde.

»Das I Ging«, schreibt Alan Watts in seinem Buch über den Zen-Buddhismus, »ist ein Werk des Wahrsagens und enthält Orakel, die auf 64 abstrakten Figuren, jede aus sechs Linien zusammengesetzt, basieren. Es gibt zweierlei Linien: geteilte oder negative und ungeteilte oder positive. Ein moderner Psychologe sah darin eine Analogie zum Rorschach-Test, dessen Ziel es ist, ein geistiges Bild des Menschen zu zeichnen aufgrund der spontanen Ideen, die ihm beim Anblick eines verwischten Tintenkleckses kommen. Der Mensch, der in einem Tintenklecks seine eigenen Vorstellungen entdecken kann, könnte daraus nützliche Ratschläge für sein zukünftiges Verhalten bekommen. Unter diesem Gesichtspunkt darf die Wahrsagekunst des I Ging nicht als schlichter Aberglaube eingeordnet werden.

Ein I-Ging-Spieler könnte darum tatsächlich erhebliche Kritik entdecken an den Methoden, auf die wir uns sonst berufen, wenn wir wichtige Entscheidungen treffen müssen. Wir sind überzeugt, daß unsere Entscheidungen vernünftig sind, weil wir uns auf ein Bündel von Gegebenheiten im Zusammenhang mit diesem oder jenem Problem stützen. Wir verlassen uns sicherlich nicht auf ein Spiel mit Kopf und Zahl. Das könnte jedoch durchaus erforderlich sein, wenn wir wissen, welche Information wirklich wichtig ist. Denn unsere Pläne werden

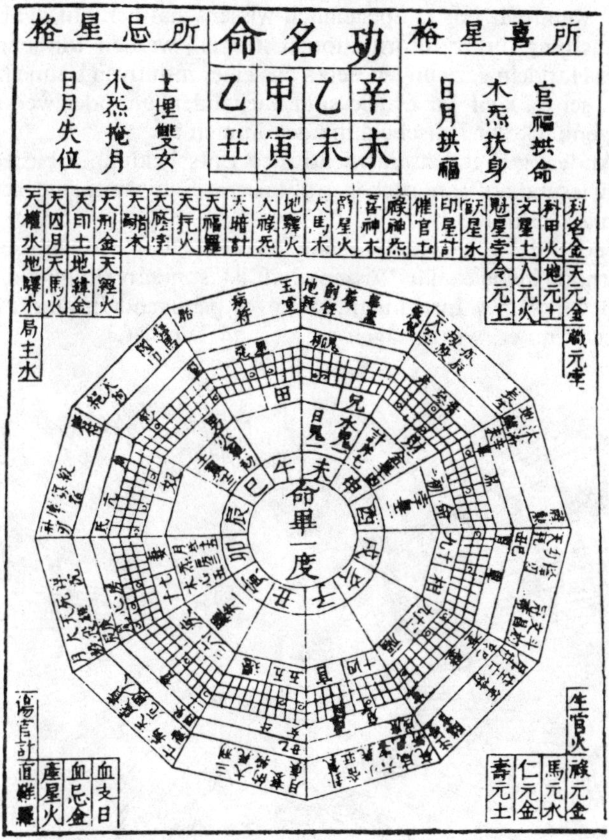

Die Beziehungen der Mondzeichen und -häuser

doch ständig durch ganz unvorhersehbare Ereignisse über den Haufen geworfen. Wenn wir strikt verstandesbetont wären bei der Auswahl der Informationen, die dazu bestimmt sind, unser Verhalten zu lenken, würde das soviel Zeit in Anspruch nehmen, daß der Augenblick zum Handeln längst vorbei wäre, bevor wir die Gegebenheiten ausreichend erfaßt hätten. In der

Tat, wenn wir uns hauptsächlich wissenschaftlich auf die Untersuchung dieser Informationen stürzen, werden wir schnell zum Handeln gezwungen, sei es aus einer intuitiven Laune heraus, sei es, weil wir es leid sind nachzudenken, oder weil der Augenblick der Entscheidung gekommen ist.

Anders gesagt, unsere wichtigsten Entscheidungen basieren vorwiegend auf Eindrücken, auf unserer Fähigkeit, eine Situation zu ›erfühlen‹.

Jeder, der mit I Ging umgeht, weiß das. Er weiß, daß seine Methode keine exakte Wissenschaft ist, sondern ein nützliches und wirksames Instrument, wenn er genügend Intuition hat oder wenn er, wie er sagen würde, ›im Tao‹ ist.«

Versenken wir uns einfach in dieses Märchenuniversum, um unsere Sicht der Welt zu erweitern und die Wahrnehmung unseres eigenen Schicksals zu verfeinern

YIN UND YANG

Yin und Yang ist das Symbol der beiden widerstreitenden und sich ergänzenden Prinzipien, wobei das unauflösbare Spiel und die ständige Metamorphose das Fundament repräsentieren, den Stoff selbst, aus dem das aktive Universum besteht. Sie stellen die ewigen Gegensatzpaare dar, positiv – negativ, ja – nein, weiß – schwarz, Tag – Nacht, voll – leer, aktiv – passiv, männlich – weiblich usw. Jedes enthält das andere im Keim. Darum hat der Mann (Yang) einen weiblichen Teil (Yin) in sich und die Frau (Yin) einen männlichen (Yang).

Das Paar Yin-Yang ist untrennbar und in Bewegung, jeder der beiden Teile wird zum Gegensatz und zur Ergänzung des anderen. So wird die überlieferte Figur dargestellt:

In dem Moment, in dem Yang (weiß, aktiv) auf seinem Gipfelpunkt – bauchiger Teil – ist, tritt Yin (schwarz, passiv) unmerklich an seine Stelle – feingezeichneter Teil – und umgekehrt.

Yin und Yang haben keinerlei »moralische« Qualität. Keins ist dem anderen überlegen oder unterlegen. Ihre Gegensätzlichkeit ist notwendig und genausowenig konfliktträchtig wie die linke und die rechte Hand, die sich zum Applaus vereinen.

DIE YIN- UND YANG-TYPEN

Die Ratte, der Büffel, die Katze, der Affe, der Hund und das Schwein sind *Yin.*

Der Tiger, das Pferd, der Drache, die Schlange, die Ziege und der Hahn sind *Yang.*

Der Yin-Mensch

Äußere Erscheinung: Der Yin-Mensch ist oft sehr korpulent, von mittlerer Größe und hat eine gut entwickelte Muskulatur. Er erfreut sich einer ausgezeichneten körperlichen Widerstandsfähigkeit und hat eine solide Gesundheit. Er hat oft ein rundes Gesicht, lächelt aber nicht oft.

Psychologie: Der Yin-Mensch ist in erster Linie mit sich selbst beschäftigt, er neigt dazu, sich für den Nabel der Welt zu halten. Selbst wenn sein Verhalten ruhig ist, ist seine Laune doch unausgeglichen und hängt von der Umgebung ab. Er besitzt viel Selbstvertrauen, fürchtet aber den Mißerfolg.

Der Yang-Mensch

Äußere Erscheinung: Von durchschnittlichem Körperumfang, oft rank und schlank; er lächelt gern und liebt die lebhaften Farben. Da er von anfälliger Gesundheit ist, ist es ratsam, daß er lieber vorbeugt als heilt.

Psychologie: Der Yang-Mensch ist ein Individualist, der sich zu der Selbstfindung, der Entwicklung, der Meditation hingezogen fühlt. Er ist intelligent, unabhängig, manchmal eigenbrötlerisch. Er hat keinerlei Sinn für Hierarchien und glaubt an die Freiheit. Er zieht die Einsamkeit und den Kontakt zur Natur den großen Massen vor. Anders als der Yin-Mensch, sucht er sein Gleichgewicht in sich selbst, statt es bei anderen zu finden. (»Tradition astrologique chinoise« von Xavier Frigara und Helen Li, Editions Douglas.)

1. Teil

DIE BEREICHE DER SCHLANGE

Die Schlange und ihr Symbolismus

Die Schlange, diese Prinzessin der Windungen, geht leise und verschlungen seit Urzeiten durch unsere Träume und Legenden und bringt nach und nach unsere Ängste und Wünsche, unsere Vorlieben und unsere Abneigungen ans Tageslicht. Zusammengeringelt unter dem Stein, aufgerollt in unserem Herzen oder aufgerichtet vor unseren weit aufgerissenen Augen ist die Schlange immer da. Als Gefährtin der Hexen und Magier repräsentiert sie eines der höchsten Ursymbole, nämlich das des Kreises, das heißt, des Unendlichen. Im Tantrismus Indiens und Tibets verkörpert sie Kundalini, diesen Fluß wesentlicher, subtiler Energien, die von der Wurzel der Wirbelsäule bis in die Spitze des Schädels fließen und so die lebenswichtigen geistigen und psychischen Ebenen verbinden. Die Erweckung und Befreiung der Schlange Kundalini ist eine entscheidende Etappe der geistigen Verwirklichung und sorgt für das Reifen furchterregender übersinnlicher Kräfte, wie Telepathie, das Zweite Gesicht und das freie Schweben des menschlichen Körpers.

Die Schlange hört nie auf, uns in ihre verschiedenen Welten, Symbole und Mythen zurückzuschicken, uns unaufhörlich zu erstaunen und uns bis in unseren Schlaf hinein zu überraschen. Heiliges Kriechtier oder Verkörperung des Bösen, Dämon oder Gott der Mutter Erde, Bewohnerin der Wasser, der Sümpfe, des Schlamms und des Torfs, ein Tier, das aus den Tiefen der Erde hervorgeht, es stammt aus der Nacht der Zeiten, aus den geheimsten Tiefen unseres Bewußtseins, aus dem es schon immer die Träume und Fantasien nährt.

Ihr Bild ist von der Kultur und Zivilisation Chinas untrennbar, sie ist der mythische Vater der chinesischen Kaiser.

Am Anfang war das Chaos irgendwo zwischen Himmel und Erde, Maß und Organisation gab es nicht, nur das Leben existierte. Ein Leben, angefüllt mit Formen, mit Materie, mit wunderbaren Farben, göttlichen Tönen und belebenden Düften; aber kein Wesen konnte die Farben wahrnehmen, die Düfte riechen, die Töne hören …

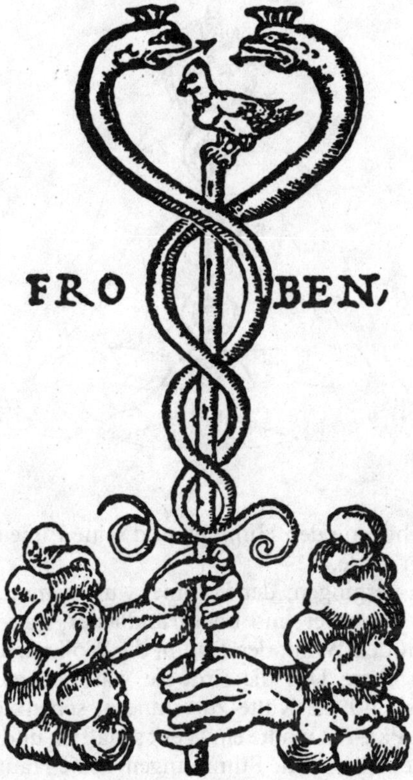

Das Chaos bewohnte ein riesiges Ei, nur das Feuer wärmte seine Schale, leckte sie mit tausend Flammen, verbreitete seine schöpferische Wärme und wachte über den eigenen Herd, den »Kessel«, das Leben.

Pan-Ku wurde geboren. Alles, was zum Leichten gehörte, formte den Himmel, alles, was zum Schweren gehörte, formte die Erde.

Die Organisation der Welt fand statt, Pan-Ku wuchs. Pan-Ku war das große Alles: Er verband den Himmel und die Erde, sein Kopf berührte die Gipfel und das Himmelsgewölbe, sein

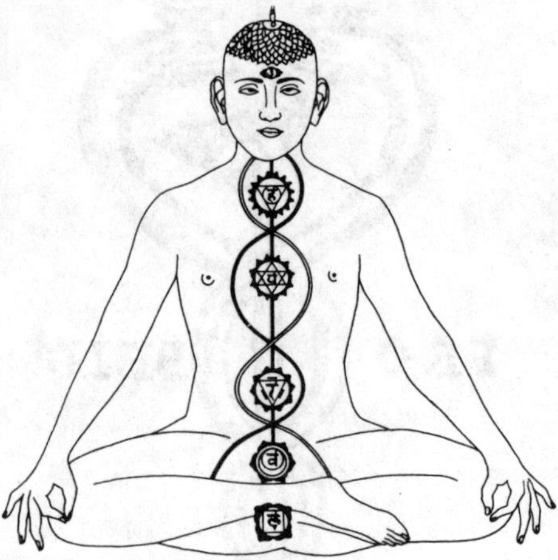

Körper durchdrang den Himmel, und seine Füße senkten sich in die Mutter Erde.

Die Jahre vergingen, der Himmel wurde immer höher, die Erde immer schwerer und unergründlicher. Pan-Ku war der erste, er schuf den Wind, den Raum, die Wolken, ließ Blitz und Donner entstehen. Um die Erde zu wärmen, gab er ihr die Sonne, um sie an die Kälte zu erinnern, schenkte er ihr den Mond. Aber Pan-Ku wollte ein Werk schaffen, und deshalb gab er sein eigenes Blut, seine Stimmungen, seine Haut, seine Haare, und in einem letzten Kuß gab er selbst seine Zähne und seine Knochen her, die zu Steinen und Metall wurden, um die Erde zu festigen.

Dank Pan-Ku hatte die Sonne die Erde gewärmt, der Mond hatte geglänzt, die Planeten waren geboren genauso wie die Sterne. Aber kein menschliches Wesen war erschienen, bis zu dem Tag, an dem Nu-Wa kam. Er war von unvergleichlicher Schönheit, er besaß die Tugenden eines Weisen, sein Körper hatte die Form einer Schlange, und sein Kopf trug menschliche Züge ...

Indem er über die Erde kroch, berauschte sich Prinz Nu-Wa an tausend Düften, die aus dem Boden aufstiegen, und er bemerkte, daß sie den Duft des Lebens hatten. Mit Hilfe seines

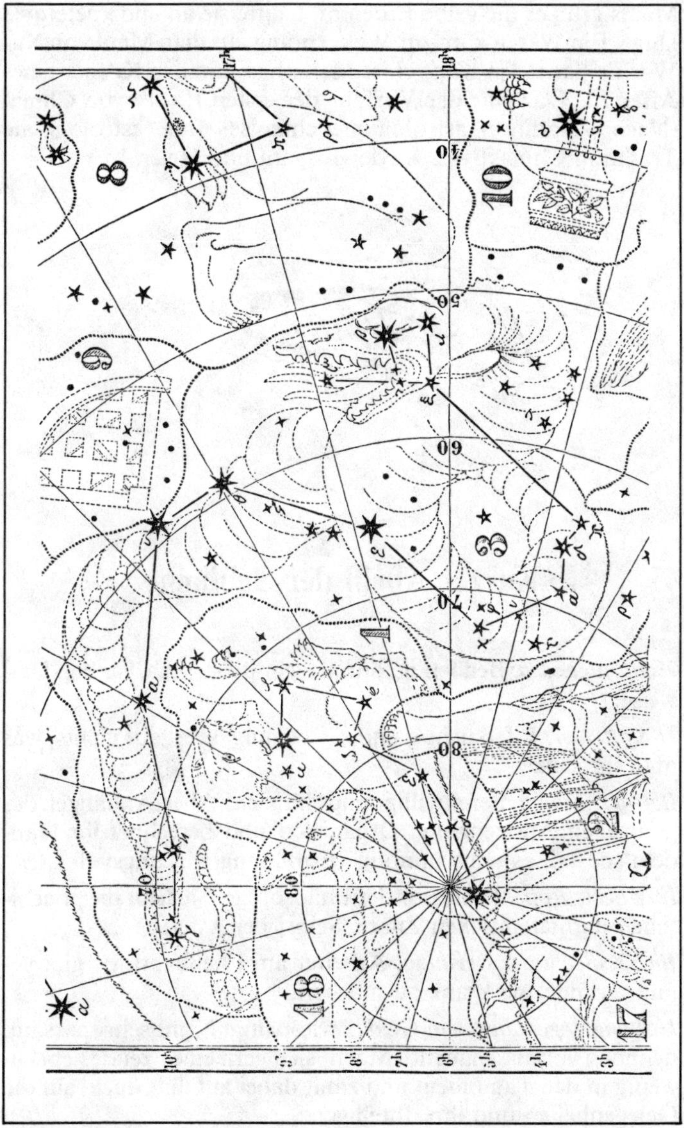

Mauls grub er die gelbe Erde um, häufte sie an und knetete sie lange. Ein Wesen kam zur Welt, sprang aus dem Maul von Nu-Wa: Es hatte den Kopf eines Menschen und den Körper eines Affen ... Das war der Vorfahr der ersten Kaiser von China. (Nach »Tradition astrologique chinoise« [Die astrologische Tradition Chinas] von Xavier Frigara und Helen Li.)

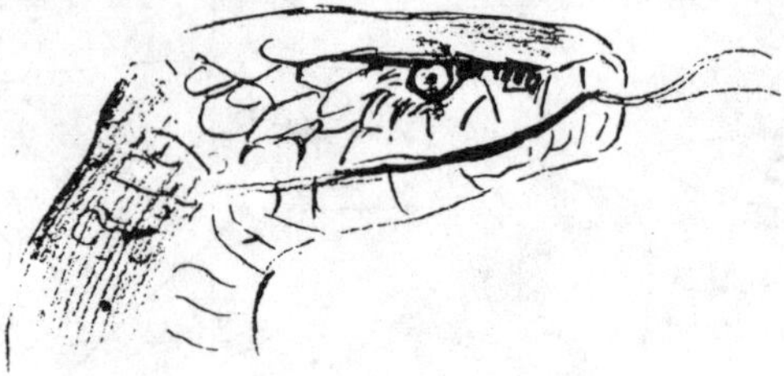

Kurzer Abriß der Schlange

Hauptttugenden: Bedächtig, durchorganisiert, scharfsinnig. Und weise.

Hauptfehler: Eifersüchtig und eigensinnig. Hört auf nichts, was man ihr sagt.

Bei der Arbeit: Bereitwillig, entschlossen. Aber Anhänger der geringsten Anstrengung. Organisiert und berechnet ihr Handeln so, daß es ohne unnötige Ermüdung wirkungsvoll ist.

Ihre beste Rolle: Professor der Philosophie. Sie liebt die griechischen und lateinischen Zitate. Selbst bei Asterix ...

Ihre schlechteste Leistung: Arbeiter am Fließband. Es gibt genug Gründe, sie krank zu machen.

Haltung gegenüber dem Geld: Zwiespältig. Nicht sehr sparsam, dennoch vorausschauend. Macht sich gern eine Freude, lebt ein wenig in den Tag hinein und zählt dabei auf ihr Glück, auf die Gelegenheiten und ihre Intelligenz.

Ihr Glück: An einem heißen Sommertag geboren zu werden. Eine Schlange, die im Winter in einer Sturmnacht geboren wird, ist ihr Leben lang in Gefahr.

Sie kann nicht leben ohne: Zu gefallen.

Sie liebt: Den Schmuck. Und die langen vertraulichen Gespräche nachts auf dem Kopfkissen.

Sie haßt: Getadelt zu werden. Oder daß man ihr jemanden als Beispiel dafür hinstellt, wie sie werden soll.

Ihre Freizeitinteressen: Streicht gern die Wände neu, stellt die Sachen um an einen anderen Platz, verbringt gern ruhige Wochenenden auf dem Land mit klassischer Musik und guten Büchern.

Ihre Lieblingsplätze: Die Wüste, die kargen, wilden Ebenen unter einem ungetrübten Himmel. Und ihr Haus.

Farben: Rot und grün.

Pflanzen: Steingewächse, Farn.

Blumen: Heidekraut, Distel.

Berufe für die Schlange: Professor, Philosoph, Lehrer, Psychiater, Psychologe, Diplomat, Gesandter, Astrologe, Hellseher, Personalchef. Und Berufszweige wie Punktierkunst, Handlesekunst, Kartenlegen usw.

Die vier Lebensalter der Schlange nach der chinesischen Überlieferung

Die Kindheit der Schlange ist glücklich – vorausgesetzt, in der Familie herrscht Ruhe; wenn nicht, wird dieses Alter kritisch. Die Jugend ist ohne Probleme. Dagegen wird sie in den reifen Jahren allen möglichen Leidenschaften unterworfen sein, und ihr Gefühlsleben ist oft unausgeglichen. Im Alter kann sie endlich Nutzen aus ihrer Weisheit ziehen. Obwohl die Feuer der Liebe, die langsam erlöschen, ihr vermutlich lange Probleme bereiten.

Die Psychologie der Schlange

Es gibt wenige Tiere auf der Welt, die so viele verschiedene symbolische Bedeutungen wie die Schlangen haben. Ein ganzes Buch reichte kaum, um sie alle aufzuzählen. Von der Schlange, die sich in den Schwanz beißt, als Symbol des ewigen Wiederbeginns, bis hin zur Schlange des tibetanischen Totenbuchs (»Ich bin die Schlange Sata, die in den am weitesten entfernten Gebieten der Erde lebt. Ich sterbe, werde wiedergeboren, ich erneuere mich und werde jeden Tag jünger.«), über China, wo sie die Weisheit verkörpert, sammelt dieses kriechende Tier in Hülle und Fülle Träume, Alpträume und Gebete und ist Auslöser von nicht wenigen Ängsten. Wer weicht nicht vor einer Schlange zurück? Selbst wenn man weiß, daß sie nicht giftig ist, ist unsere erste Regung voller Furcht und Abscheu. Und wenn ihr Biß eine Gefahr darstellt – in manchen Ländern sogar eine tödliche Gefahr –, dann kennt unsere Angst keine Grenzen mehr.

Dennoch, wenn wir uns einmal Mühe geben, alte Vorurteile loszuwerden, dann könnten wir auf rein ästhetischer Ebene zugeben, daß eine Schlange schön ist. Sie ist weich, gewunden, glänzend. Das fasziniert, erdrückt, vergiftet oder lähmt. Sie ist ausgestattet mit unendlich vielen, fast magischen Kräften.

Natürlich, wenn wir zu den entferntesten Erinnerungen unserer Kindheit zurückkehren, da ist die erste Schlange, die uns ins Gedächtnis kommt, diejenige, die in das irdische Paradies ein solches Durcheinander gebracht hat, daß man noch heute davon spricht ... Wen wundert es, daß man sie mit Furcht betrachtet! Das heißt aber, man vergißt, daß sie in diesem Fall nur ein zufälliges Mittel, eine Erscheinungsform war, zu der Satan griff, um unsere Mutter Eva in Versuchung zu führen. Eine Erscheinungsform, auf die sich unser Urteil seit Generationen stützt. Ein schweres Erbe für die armen Tiere, die das sicher gar nicht gewollt haben!

Diese Analogie mit der biblischen Geschichte bringt uns am nächsten an die Schlange des chinesischen Tierkreises heran, denn dort wie in der Bibel ist sie die verführerischste, faszinierendste Versuchung. Und in gewissem Sinne die gefährlichste, denn die chinesische astrologische Überlieferung sagt, daß kein Zeichen, außer Tiger und Affe und manchmal Schwein, die Größe hat, den Einflüsterungen des Charmes zu widerstehen – eine natürliche Spezialität der Menschen, die in einem Jahr der Schlange geboren sind. Diese Geschöpfe sind mit einer Art innerer Ausstrahlung begabt, die zum Beispiel nichts mit dem Glanz des Drachens zu tun hat, sondern sie strahlt, bezaubert und zähmt die unfreundlichsten, skeptischsten Menschen.

Die Schlange-Geborenen sind fein, elegant, wenn nicht sogar raffiniert in ihrem Äußeren und ihrem Verhalten. Schön oder häßlich, was macht das schon! Sie haben das gewisse Etwas, das verführt, vor allem weil sie liebenswert, gesellig und höflich sind. Auf Gesellschaften ziehen sie die Aufmerksamkeit auf sich durch ihren Humor und die Vielfältigkeit in ihren Gesprächen. Dann erhalten sie sich die Aufmerksamkeit, denn man spürt hinter ihrem angenehmen Äußeren ein Geheimnis und

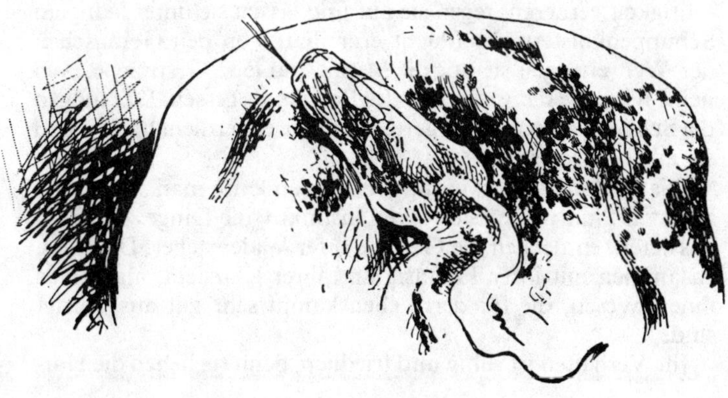

eine Tiefe, was beides sehr interessant ist. Es ist diese harmonische Verbindung, die aus der Tiefe kommt, eine Verbindung aus feinem, gepflegtem Äußeren und einer nachdenklichen, klarsichtigen Persönlichkeit, die die Schlangen unwiderstehlich macht, und sie wissen es. Sie achten auf beides, pflegen das eine und kultivieren das andere. Mit einer ausgezeichneten intellektuellen Auffassungsgabe ausgestattet, lernen sie ständig etwas Neues, vor allem lesen sie besonders gern und sind wahre Bücherwürmer. Dann benutzen sie das so gespeicherte Wissen, um ihr Publikum zu bezaubern, und finden selbst dabei große Befriedigung, denn sie brauchen den Austausch von Ideen und den Widerspruch der Meinungen. Das Gespräch ist für sie genauso unverzichtbar wie die Luft, die sie atmen; das Gespräch, das natürlich nicht oberflächlich, sondern eher philosophisch, sogar abstrakt sein darf. Die Schlangen, die ich kennengelernt habe, hatten die Spezialität, ganze Nächte lang mit intellektuellen Diskussionen zu verbringen, die durch willkommenes Schweigen gekennzeichnet waren, wenn eine von ihnen einen »historischen Satz« ausgesprochen oder ein zusätzliches Mittel zur Neugestaltung der Welt gefunden hatte. Mit einer Schlange zu reden, ist immer erfreulich: Sie ist tiefgründig, intelligent, nachdenklich, kultiviert, und sie weiß scharfsinnige Antworten auf viele Fragen. Ihr Urteil, im allgemeinen ohne jede Voreingenommenheit, gründet sich auf Beobachtung. Die Schlangen hassen die Streitereien, die Auseinandersetzungen, die Gewalt und das Vulgäre. Laute Menschen, die ihre Kaltblütigkeit verlieren, regen sie auf und lassen sie unter heftigem Schuppenknistern die Flucht ergreifen. Von den Geräuschen der Welt ertragen sie nur die Musik und leise Gespräche. Ach nein! Ich habe das Geräusch des Beifalls vergessen. Das mögen die Schlangen doch recht gern. Wenn sie es verdient haben, sind sie auf sich selbst stolz.

Die Schlangen sind intuitiv, bei ihnen kann man sogar vom sechsten Sinn reden. Sie spüren instinktiv die Dinge, bevor sie passieren, entdecken die Gefühle ihrer Widersacher. Das alles, zusammen mit ihrer Fantasie und ihrer Klarsicht, macht aus ihnen Wesen, die für den Lebenskampf sehr gut ausgerüstet sind.

Ihr Verhalten ist ruhig und friedlich, denn sie lieben die Har-

monie und die Ausgewogenheit. Sie sind auch anpassungsfähig, ausgeglichen und mit einem festen Willen begabt, den sie ohne zu zögern zum Ausdruck bringen, wenn ihr körperliches oder seelisches Wohlbefinden bedroht ist. In dem Fall reagieren sie mit derselben rachsüchtigen Lebendigkeit wie ihr tierischer Namensvetter, wenn ihm ein ungeschickter Mensch auf den Schwanz tritt. Aber die restliche Zeit dösen sie vor sich hin. Die Schlangen sind Anhänger des geringsten Aufwands. Wenn sie eine Arbeit in einer Stunde erledigen können, warum dann zwei darauf verwenden? Die gewonnene Stunde ist gut dafür zu verwenden, um in einem bequemen Sessel oder der Länge nach auf einem weichen Teppich ein Buch zu lesen. Wenn sie nichts zu tun haben, sind sie von erstaunlicher Faulheit. Sie gähnen, laufen in hübschen, kleinen Hausklamotten herum, binden Blumensträuße, begießen die Grünpflanzen, hören Musik und stellen die Sachen um. Dann schlafen sie. Viel. Und machen sich einen faulen Vormittag.

Wenn sie dagegen wirklich etwas haben wollen, sind sie in der Lage, Himmel und Erde zu bewegen, um es zu schaffen, und sogar – diskret – einige Konkurrenten aus dem Weg zu räumen. Sie sind sehr hartnäckig, wenn sie motiviert sind.

Die Schlangen haben Glück und gewinnen ihre Schlachten. Zum Glück für sie, denn sie sind schlechte Spieler und hassen es, zu verlieren. Die Niederlage ist für sie eine persönliche Beleidigung. Und sie ertragen es nicht, beleidigt zu werden.

Sie sind gute Ratgeber, verständnisvoll und klug, die ihresgleichen gern zu Hilfe kommen, solange es sich nicht um klingende Münze handelt, denn sie achten auf ihre Groschen. Aber sie lieben es, wenn man sie zur Hilfe ruft.

Dagegen haben sie einen großen Fehler: Sie hören auf überhaupt nichts von dem, was man ihnen sagt. Sie hören nicht auf Ratschläge, oder sie ändern sie ab und kommen ein Jahr später darauf zurück, indem sie sich die Urheberschaft der Idee zuschreiben. Sie sind zur Lüge fähig, wenn die »Umstände« oder ihr Wohlbefinden es erfordern. Sie sind sehr aufbrausend, hassen es, auf ihr Unrecht hingewiesen zu werden, hassen Widerspruch und Kritik. Das macht sie aggressiv, böse, wenn nicht gar zu Heuchlern und außerdem nachtragend und zur Rache entschlossen, sogar auf lange Sicht.

Das Schlange-Kind

Das Kind, das in einem Jahr der Schlange geboren wird, ist nicht schwer zu erziehen, denn sein Bedürfnis nach Ruhe und Frieden ist so ausgeprägt, daß es schon vom frühesten Alter an zu der Anstrengung fähig ist, sich Personen, die ganz anders sind als es selbst, anzupassen. Genauso versucht es ganz spontan, seinen Eltern Freude zu machen, sie zu verstehen, und es wird gern wie ein Erwachsener behandelt. Das Schlange-Kind schätzt es, wenn man ihm etwas zutraut (Vertrauensbeweise machen es selbstsicher), und es fürchtet sich nicht, vor Verantwortung gestellt zu werden.

Großes Bedürfnis nach Zuneigung

Dafür braucht es ungeheuer viel Zuneigung und Zärtlichkeit, und der kleinste Interessenbeweis, der sich woandershin richtet als auf es selbst, beunruhigt und entmutigt es.

Folglich: Wenn Sie ein Schlange-Kind haben, denken Sie in erster Linie daran, daß es sich bevorzugt fühlen muß. Es stellt Ausschließlichkeitsansprüche und erträgt es nicht, die Liebe seiner Eltern mit einer ganzen Schar von Geschwistern teilen zu müssen. Es ist zum Einzelkind, zum Wunderkind geschaffen, dazu, die guten Feen in einem Konzert von zärtlichen und bewundernden Ausrufen um seine Wiege zu versammeln.

Man könnte leicht denken, daß gerade das Teilen mit anderen das Schlange-Kind vielleicht weniger egoistisch und anspruchsvoll machen würde. Aber es würde nur ängstlich werden und das damit ausgleichen, die Fehler dieses Zeichens zu entwickeln. Es würde verschlossen, rachsüchtig, sogar hinterhältig werden. Sehr mit den Eltern verbunden, hat das Schlange-Kind ein Gefühl für die Harmonie in der Familie. Elterlicher Streit bringt die Gefahr mit sich, es nachhaltig zu beeinflussen, genau wie die kürzeste Abwesenheit, die es wie ein schmerzhaftes Verlassen empfindet. In jedem Fall jedoch würde es bei einer Scheidung besser ausschließlich bei einem Elternteil bleiben, als zwischen beiden hin und her gezogen zu werden. Aber dieser Elternteil muß sich auf Schwierigkeiten gefaßt machen, wenn er später mal beschließt, eine neue Ehe einzugehen. Dann muß er gegenüber seiner kleinen Schlange wahre Unmengen an Diplomatie einsetzen.

Die junge Schlange arbeitet korrekt in der Schule, aber mehr der Fantasie folgend. In einigen Fächern bringt sie gar nichts, in anderen glänzt sie. Oft ist sie für die Künste und die Literatur begabt.

Das Schlange-Kind mag keine wilden Spiele und zieht ihnen das schöpferische Tun vor. Es ist ungleichmäßig in seinem Arbeitsrhythmus und braucht Erholung und Ablenkung.

Das Gefühlsleben

Die Schlange gehört zu den verführerischsten Zeichen des chinesischen Tierkreises. Die Überlieferung rät sogar den anderen Tieren, nicht zu zögern, vor der Schlange zu fliehen, denn sie sind nicht in der Lage, ihr zu widerstehen.

Woher kommt ein solcher Ruf der Gefährlichkeit? Weil die Schlange anscheinend folgende Besonderheit hat: Sie verwendet eine enorme Energie darauf, sich jene zu verpflichten, die zu verführen sie entschlossen ist. Dann rollt sie sich bis zum Ersticken um sie herum. Wenn sie merkt, daß die Beute so richtig unbeweglich gemacht ist, beginnt sie das Abenteuer wieder von vorn, treibt sich nachts herum und sucht ein neues Opfer.

Versuchen wir, ein wenig Ordnung in das alles zu bringen. Die Schlangen sind außerordentliche und eifersüchtige Wesen. Sie fühlen sich in den Augen ihres Partners gern als der Mittelpunkt der Welt. Wenn sie es gerade noch hinnehmen, daß ihr Partner seiner Arbeit Interesse entgegenbringt (man muß ja leben, und die Schlange ist realistisch), so ertragen sie es schwer, auf körperlicher, und noch weniger auf seelischer Ebene teilen zu müssen. Es hieße, sie dramatisch und unverzeihlich zu verletzen, wenn man sie glauben ließe, man hätte anderweitig besseres Verständnis und bessere Gespräche gefunden.

Ihren Partner unbeweglich zu machen, ist für sie also das beste Mittel, Beunruhigung und Ängste zu vermeiden ...

Was die Treue angeht, ist das ein anderes Paar Schuhe. Die Schlangen machen sich davon ganz eigene Vorstellungen, vor allem der Mann, der sich von dem Moment an für vollkommen treu hält, wenn er regelmäßig nach Hause kommt. Die Schlange-Frau ist stabiler, aber sie haßt es, eingeengt zu werden, und behält lieber ein Minimum an Freiheit und Unabhängigkeit.

Schlangen beiderlei Geschlechts haben das tiefe Bedürfnis zu gefallen, denn das gibt ihnen das Gefühl, wirklich zu leben. »Schöntun« ist daher eine natürliche Haltung, die man nicht tragisch nehmen darf; denn wenn sie ihrerseits mal das Opfer einer Eifersuchtsszene werden, entfernen sie sich noch weiter.

Sie sind sinnlich und leidenschaftlich und entfalten sich in einer Verbindung, die ebenso auf körperlicher Übereinstimmung wie auf dem Gespräch aufgebaut ist. Mit ihrem Partner reden zu können, ist für sie absolut unverzichtbar. Sie tauschen gern Gedanken über Gelesenes, über Lieblingsmusikstücke oder über hochphilosophische Dinge aus. Wenn sie das finden, was sie suchen, ist es leicht, mit ihnen zu leben, da sie sehr tolerant, verständnisvoll und nachsichtig sind. Aber sie haben im Hinterkopf immer eine vage Idee von Besessenheit, manchmal gegen ihren eigenen Willen.

Der Sinn für das Gespräch

Das Familienleben

Wenn der Schlange-Mann in den asiatischen Ländern nicht immer einen guten Ruf hat (er wird als Don-Juan-Typ, als Schürzenjäger betrachtet, der unzuverlässig ist, aber so charmant ...), ist die Frau dieses Zeichens anscheinend leicht zu verheiraten, denn sie ist oft schön, klug und eine ausgezeichnete Hausfrau. Wie dem auch sei, beide sind der Familie sehr treu, die sie sich erwählt haben. Und selbst wenn sie das Bündnis manchmal ein wenig auf den Kopf stellen, läßt ihre tiefsitzende Angst vor gewaltsamer Trennung sie dennoch regelmäßig in die eheliche Behausung zurückkehren. Sie sind verständnisvolle Eltern, aber dieses Verständnis schadet oft ihrer Autorität; denn weil sie sich in die Lage ihrer Kinder versetzen, können sie diese schließlich nicht mehr objektiv lenken.

Kinder unter dem Zeichen Ratte, Drache oder Hahn verstehen sich sehr gut mit einem Schlange-Vater oder einer Schlange-Mutter. Er oder sie hat Freude an den Nachkommen, wenn nicht gar Bewunderung für sie.

Die jungen Ziegen und Schweine leben ein wenig zu sehr unter dem Schutz ihrer Schlange-Eltern: Diese müssen sich große Mühe geben, ihnen Mut zum Verlassen des Familiennestes zu machen. Dafür hat eine Schlange große Schwierigkeiten, den Charakter eines eigensinnigen Büffel-Kindes, die Unabhängigkeit eines Tigers oder eines Pferdes oder den wilden Idealismus eines Hundes zu ertragen – und umgekehrt. Man wird alle Klugheit brauchen, um die Ecken abzurunden. Mit dem Affen sind die Beziehungen eher auf Kameradschaft als auf Autorität aufgebaut, aber sie fühlen sich beide sehr wohl dabei. Was die Katze angeht, sie fühlt sich wohl – in Sicherheit ...

Aber niemals sollte ein Schlange-Erwachsener ein Kind desselben Zeichens haben: Er würde es erdrücken. Und die junge Schlange hätte später ungeheure Schwierigkeiten, die Nabelschnur durchzutrennen.

Im allgemeinen fühlen sich die Schlange-Geborenen sehr wohl in der Ehe, wenn man ihnen ein Minimum an Freiheit läßt. Die juristische Seite der Sache gibt ihnen Sicherheit und erlaubt ihnen, den Partner noch mehr zu besitzen. Aber wenn

Gute Familienmutter

ihre Wahl schlecht getroffen ist, sind sie allen Gefahren des Ehebruchs und der Leidenschaften im Geheimen ausgesetzt. Es wäre daher gut für sie, wenn sie nachdenken würden, bevor sie sich binden, denn der kleinste Fehler macht ihren Lebensstil im Gefühlsbereich sehr unausgeglichen, während sie doch das Gegenteil brauchen. Es wäre besser, wenn sie spät heiraten würden – mit gründlicher Erfahrung …

Das Berufsleben

Die Schlange-Geborenen haben gegenüber dem Erfolg ein gedämpftes Verhältnis. Vergessen wir nicht, daß ihre Haupttugend, die Weisheit, sie beträchtlich von Konflikten, Rivalitäten und anderen Machtkämpfen fernhält. Der Ehrgeiz der Schlange läßt sich in einem Satz zusammenfassen: »Das Leben führen können, das ich möchte.« Wenn sie auf dem Weg ist, das zu erreichen, kniet sie sich voll rein, stellt ihren Gegnern Fallen, zeigt sich berechnend, listenreich, sogar heuchlerisch. Aber wenn das Ziel in etwa erreicht ist, beruhigt sie sich und gibt sich oft damit zufrieden, wollüstig das Erreichte zu nutzen. Noch weiter gehen? Wozu ist das gut? Sich Feinde machen? Durcheinander stiften? Nein, danke.

Sicher, der natürliche Anspruch der Schlangen, ihr Bedürfnis nach Qualität führen dazu, daß sie nicht leicht zu befriedigen sind. Deshalb kämpfen sie automatisch weiter, ohne sich zu sehr anzustrengen. Außerdem lacht ihnen der Erfolg. Sie wissen so gut, ihren Charme einzusetzen, sich in die Gunst der Vorgesetzten einzuschleichen, bis sie ganz unentbehrlich sind. Sie erfüllen wunderbar und ohne ihren Ruf aufs Spiel zu setzen die delikate Aufgabe eines Mittelsmanns, eines Vermittlers oder eines Werbefachmanns. Sie wissen mit Logik, Kaltblütigkeit und Einfühlungsvermögen eine Idee vorzutragen, ein Programm auszubreiten. Wenn sie den Charme nicht als Hauptwaffe einsetzen, behalten sie ihn in der Reserve und stellen eine andere ihrer Qualitäten in den Vordergrund: den Sinn für Organisation. Wenn sie sich wohlfühlen, gehen sie bei schwierigen

Arbeiten bis zum Äußersten, ohne daß man es ihnen anmerkt und ohne den anderen Gelegenheit zu geben, ihre Verdienste zu vergessen. Sie wissen sich ins rechte Licht zu setzen – diskret. Sie sind Menschen, die intelligent, entschlossen, mutig und sich ihrer Möglichkeiten sehr bewußt sind, aber es manchmal aus Faulheit den anderen überlassen, an ihrer Stelle zu handeln oder gar zu arbeiten. Wenn es um den Triumph am Ende geht, dann übernehmen sie die Fackel – gähnend. Die Schlange ist der größte Opportunist von allen chinesischen Zeichen. Sie weiß alle nützlichen Gelegenheiten zu ergreifen und läßt die beiseite, die nicht günstig sind. Sie wird Ihnen sogar helfen, wenn Sie für sie nützlich sein können. Und dann, wenn es danebengeht, versucht sie eben etwas anderes. Eine Erfahrung mehr ...

Das materielle Leben

Sagen wir es geradeheraus: Die Schlangen lieben das Geld. Sie lieben es, weil es ihnen die Möglichkeit schafft, so zu leben, wie sie es sich wünschen, sich mit schönen Gegenständen zu umgeben, Ferien an tropischen Stränden zu machen, sich regelmäßig neue Kleidung zu kaufen und mit derselben Gier Buchläden und Schallplattenläden zu plündern. Ohne Geld sind so angenehme Dinge unmöglich, sagt die Schlange. Also brauch' ich es. Und wenn eine Schlange beschlossen hat, daß sie etwas braucht ...

Sie schämen sich im allgemeinen überhaupt nicht, das zuzugeben. Ist es nicht nur natürlich, zu versuchen, das zu bekommen, was man sich wünscht? Selbst der uneigennützige Idealismus der Hunde findet einer so klaren Einstellung nicht viel entgegenzusetzen ...

Also, die Schlangen sind eigennützig. Sie gehören nicht zu der Sorte, die sich verliebt, bevor sie sich nicht ein wenig über das Bankkonto eines möglichen Partners informiert hat, und sie finden, daß sie nicht denselben Geschmack wie ein Hippie in geflickten Jeans haben können – wenn er nicht wenigstens der heimliche Sohn eines griechischen Reeders ist. Und wenn man ihnen ein Geschäft vorschlägt, informieren sie sich unverzüglich über die finanziellen Möglichkeiten, die darinstecken. Nur keine falsche Scham ...

Sie sind auch Streber, und sie kriegen es hin, immer eine gewisse Liquidität zu erreichen. Außerdem haben sie Glück, und so fehlt es ihnen selten an Geld.

Sie sind keine Verleiher. »Wohlgeordnete Mildtätigkeit beginnt bei einem selbst ...« Sie sind auch keine Sparer. Was sie haben, geben sie im allgemeinen schnell aus, zu ihrer Freude und für ihr Wohlbefinden. Sie sind keine Spekulanten, sie gehen nicht gern Risiken ein wie die Tiger. Was sie interessiert, ist, daß sie sich nicht einschränken müssen, das ist alles. Deshalb haben sie nur selten große Ersparnisse und rechnen irgendwie mit dem Glück, das sich schon rechtzeitig einstellen wird und ihnen eine neue Gelegenheit gibt, reicher zu werden. Aber sie haben gern eine kleine Sicherheit, ein Sparkassenbuch, damit –

Ein manchmal gefährlicher Charme

man weiß ja nicht, was kommt. Sie machen manchmal Geschenke, wenn sie verliebt sind oder wenn sie Lust haben, jemanden zu verführen. Und sie verwöhnen ihre Familie sehr, aber nur von Zeit zu Zeit – eben, wenn sie Lust dazu haben.

Die Umgebung

»Nous aurons des lits pleins d'odeurs légères,
Des divans profonds comme des tombeaux
Et étranges fleurs sur les étagères ...«

(Wir werden Betten haben voller leichter Düfte,
Diwans so tief wie Gräber
und fremdartige Blumen auf Gestellen ...)

Baudelaire, ein Schlange-Geborener, schrieb diese Zeilen, die für die Welt dieses Zeichens so bezeichnend sind. Tatsächlich haben die Schlangen einen feinen Geschmack, sie lieben alte Dinge, buntbemalte Möbel, persische Teppiche in schönen, ein wenig verblichenen Farben. Bei ihnen gibt es nicht die kleinste Geschmacksverirrung: Überall herrscht Harmonie der Farben und Übereinstimmung der Materialien. Es ist für ihre Ausgeglichenheit von größter Wichtigkeit, in einer Umgebung zu leben, die sie selbst nach ihrer eigenen Vorstellung geschaffen haben. Beispiel: Wenn sie in die Wohnung einer Schlange kommen und auch nur einen Hauch von Intuition haben, werden Sie sofort merken, ob sie die Ausstattung ausgesucht hat, denn sie ist ihr ähnlich. Wenn das nicht der Fall ist, gehen Sie die Wette ein: Sie zieht bald aus oder dekoriert alles neu.

Die Inneneinrichtung ist bei einer Schlange unendlich bequem. Alles ist sorgfältig dosiert, um den Sinnen Freude zu machen: Farben, Düfte ... bis hin zu klassischer Musik im Hintergrund. Es gibt weiche Kissen und Duftkerzen, Blumen in ausgesuchten Farben, einen ziemlich vollen Bücherschrank, einige seltene alkoholische Getränke. Alles ist so, als zählte die Schlange auf ihr Heim, um dort die Eroberung zu vollenden, die sie so gut begonnen hat.

Natürlich gibt es eine Kehrseite der Medaille: In einigen Schränken herrscht Durcheinander, und die Schlange wird dauernd hinter Ihrem Rücken herumlaufen, um Aschenbecher zu leeren und die Dinge an ihren Platz zurückzustellen, die Sie um einen halben Zentimeter verschoben haben. Aber nein! Das ist nicht, um Sie zu ärgern, das geht automatisch.

Wo immer sie hingeht, streicht die Schlange die Wände neu. Die Farben eines anderen beizubehalten, das würde sie krank machen. Sie haßt die Hotels, das Provisorische, den Übergang, die möblierten Zimmer. Sie schleppt oft einen Haufen von hinreißendem, unnützen Kleinkram mit, der ihr dabei hilft, ihre Welt wiederherzustellen ...

Deshalb ist es schwer für sie, mit anderen zusammenzuwohnen und sich einem anderen Geschmack als ihrem eigenen anzupassen. Die Umgebung ist vielleicht das Gebiet, auf dem sie am wenigsten nachgiebig ist. Ob Mann oder Frau, sie braucht auf jeden Fall ihre Junggesellenwohnung, ihren Schreibtisch oder ihr eigenes Zimmer. Ihr Wohlbefinden hängt davon ab.

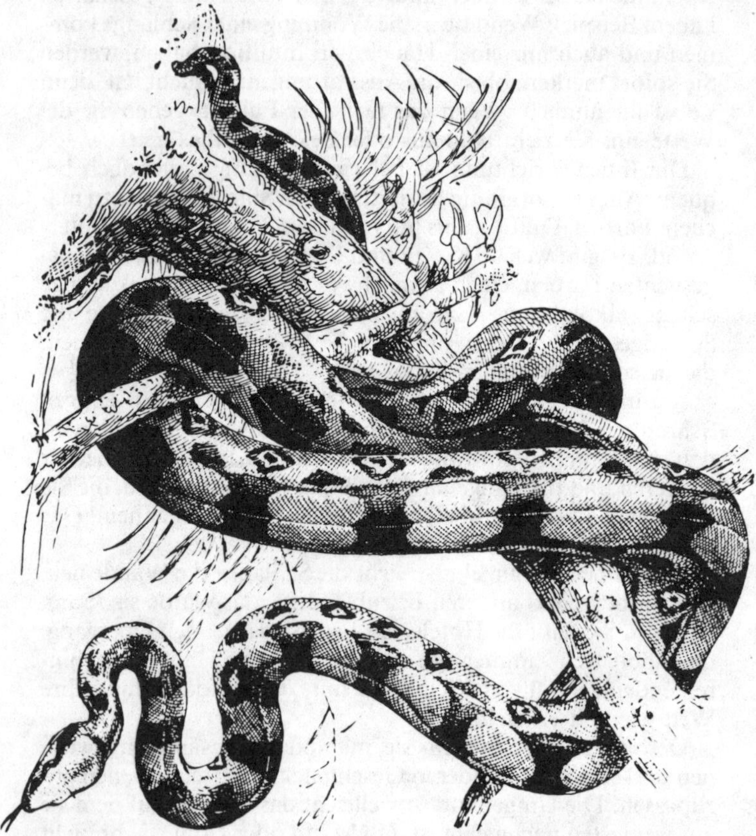

Kleiner Führer für den Umgang mit einer Schlange

Ihre Methoden der Verführung: Nicht zu beschreiben. Kluge Mischung aus distanziertem Charme, aus Sinnlichkeit, Nettigkeit, Verständnis, und das alles ist bei jeder Schlange unterschiedlich dosiert. Nur die Zutaten sind dieselben. Fügen wir die körperliche Verführung hinzu (sie sind außerdem schön!) und eine erstaunliche Art, den anderen durch Faszination oder durch Magie zu überreden, auf die sich nie jemand so gut verstanden hat wie sie.

Wenn sie Sie liebt: Widersetzen Sie sich ihr sofort (sie haßt das!), denn morgen ist es zu spät. Sie braucht nicht lange, um sich unentbehrlich zu machen. Wenn Sie sie auch lieben – viel Glück! Versuchen Sie, ein Minimum an Unabhängigkeit zu behalten; sie wird toben, Sie aber um so mehr schätzen. Und die Wertschätzung einer Schlange ist etwas Kostbares.

Sie erwartet von Ihnen: Daß Sie treu sind – bedingungslos.

Um Sie zu halten: Sie weiß, Ihre Schwachpunkte zu finden, den Fehler in Ihrer Rüstung, und sie wird ihn benutzen, um Sie weichzumachen, Sie aufzuregen, Ihnen zuzuhören, ganz nach Wahl. Sie hat ihre Mittel!

Wenn sie Sie betrügt: Das geschieht aus Freude daran, Sie zu betrügen und sich im stillen zu sagen: »Ha! Ich hab's gehabt!«

Wenn Sie sie betrügen: Sie wird zutiefst schockiert sein; wenn sie Sie wirklich sehr, sehr liebt, versucht sie zu verstehen. Aber das wird schwer.

Im Fall des Bruchs: Wenn Sie es schaffen, sich herauszuwinden, Glückwünsche. Sie verdienen eine Medaille. Denn Achtung! Ihr sind alle Mittel recht, um zu vermeiden, daß sie sitzengelassen wird. Sie haßt das. Sie haßt es auch, den Bruch selbst herbeizuführen, außer wenn es darum geht, Ihnen eine Lektion zu erteilen ...

Wenn Sie ihr ein Geschenk machen wollen: Das ist ziemlich leicht, aber richten Sie sich darauf ein, daß es teuer wird. Schenken Sie Herrn Schlange einen Kunstgegenstand oder ein altes Buch oder eine Sammlung klassischer Schallplatten. Für die Frau ein Schmuckstück. Unaufdringlich, aber echt. Schlangen hassen das Unechte. Manschettenknöpfe oder Halsketten aus dem Warenhaus sind verboten, sonst schaffen Sie sich einen Feind voller Verachtung.

Wenn Sie sie verführen wollen: Verschaffen Sie ihr eine schlaflose Nacht. Dazu gehören: Verrückte Zärtlichkeiten und Bekenntnisse. Sie sollten vorher Kräfte sammeln.

Wenn Sie sie in die Flucht schlagen wollen: Laden Sie sie zu einem Wochenende bei sich zu Hause ein und schlagen Sie ihr vor, sich im Bad frischzumachen – ohne sie darauf vorzubereiten, daß bereits eine andere Ihrer Eroberungen in der Badewanne sitzt.

Die Schlange und die anderen chinesischen Zeichen

Schlange/Ratte

Merkwürdige Mischung. Sicher, einer wie der andere sind sie in gewisser Weise geschickt und anpassungsfähig. Das ist ein positiver Punkt der Gemeinsamkeit, vor allem im geschäftlichen Bereich. Die Ratte ist aktiv, die Schlange mehr Anhänger der geringsten Anstrengung. Der eine rüttelt den anderen auf, und der andere beruhigt. Beide sind besitzergreifend, und die Schlange hat eine recht relative Vorstellung von der Treue. Wenn sie den Partner auch betrügt, so nimmt sie es nur schwer hin, daß er ihr dasselbe antut. Die Ratte zeigt Krallen, die Schlange versucht, sie zu ersticken. So wird es immer schwieriger.

Die Ratte und die Schlange brauchen einander wirklich nicht, denn sie sind je nach Gelegenheit in der Lage, dieselben Waffen mit derselben Wirksamkeit anzuwenden. Aber sie empfinden Wertschätzung, sogar eine gewisse Kameradschaft füreinander. Wenn es um schwarzen Humor geht, so amüsieren sie sich gut zusammen. Wenn sie eine gefühlsmäßige Bindung haben, dann ist diese aufgebaut auf einem an Toleranz grenzenden Verständnis, was sehr merkwürdig bei diesen beiden Zeichen ist; doch was soll man machen? Sie durchschauen sich ohne Schwierigkeiten. Und die Aggressivität der Ratte entschärft sich immer unter dem schlichten Lächeln der Schlange. Achtung! Eine unterirdische, geheime Verbindung. Sie sind die einzigen, die sich dort treffen können.

Schlange/Büffel

Es genügt ein wenig guter Wille von der einen oder der anderen Seite, und die Schlange versteht sich mit allen gut. Bei diesem Paar glaubt der Büffel zu herrschen, und das macht ihm große

Freude. Sein Schlange-Partner, gern Anhänger der geringsten Anstrengung, wird sich hüten, ihm zu widersprechen. Die Schlange umkreist den Büffel und fängt ihn in den Netzen ihrer Verführung und ihres Verstehens. Sie macht ihm Komplimente über seine Ernsthaftigkeit und sein Verantwortungsbewußtsein und stützt sich gern auf ihn. Die Schlange liebt die Bequemlichkeit, sie hat einen Willen, aber wenn sie jemanden findet, der bereit ist, für zwei zu arbeiten, tut sie nur das unbedingt Notwendige, um sich in Form zu halten. Kurz, der Büffel läßt sich verschlingen, aber er ist zufrieden. Auch die Schlange ist zufrieden, denn sie fühlt sich in Sicherheit. Sich der Treue ihres Gefährten sicher, wird sie sich einige diskrete kleine Extratouren leisten, um sich zu zerstreuen. Niemand wird es erfahren. Um so besser geht alles.

Im beruflichen Bereich ergänzen sie sich. Der eine arbeitet, der andere denkt nach. Zusammen können sie ein schönes Vermögen ansammeln.

Schlange/Tiger

Dazu ist kaum zu raten. Der Tiger ist voller Lebenskraft, die die bedächtige Schlange leicht als Aufregung ansieht. Sie kann und will dem fieberhaften Lebensrhythmus ihres Gefährten, den er seiner Umgebung gewöhnlich aufzwingt, nicht folgen.

Recht friedlich, nachdenklich und manchmal faul, wie sie ist, braucht es die Schlange außerdem keineswegs, angetrieben zu werden. Sie ist in der Lage, auf ihre Weise ganz gut zurechtzukommen, und haßt Ratschläge. Sie ist manchmal schulmeisterhaft, etwas, was kein Tiger erträgt. Dann ist sie besitzergreifend, windet sich und nimmt eher die krumme als die gerade Linie, wenn ihr das nützlicher erscheint. Kurz, sie denkt an das Ergebnis, während der Tiger mehr an die Mittel denkt, von denen er sich wünscht, daß sie wunderbar sind. Sie verstehen sich kaum und gehen sich oft aus dem Weg. Der Tiger mißtraut den Windungen der Schlange, und diese weicht dem Tiger aus, weil sie klug genug ist zu wissen, daß man ein solches Tier nicht besitzen kann.

Aber was für eine wunderbare geschäftliche Verbindung! Sie

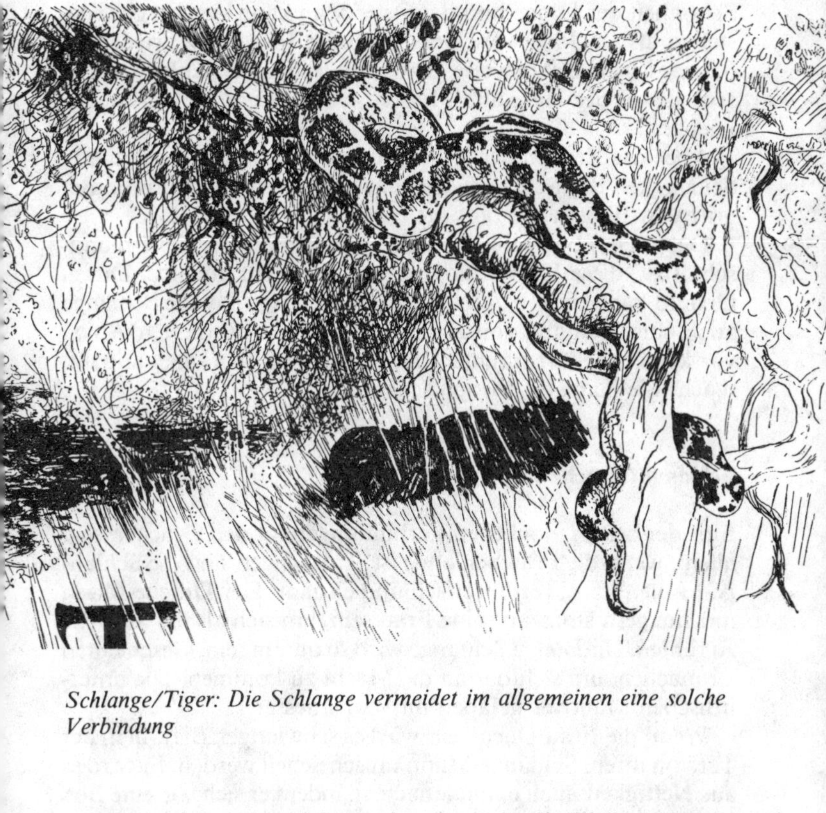

Schlange/Tiger: Die Schlange vermeidet im allgemeinen eine solche Verbindung

ergänzen sich ausgezeichnet, der eine geht die Risiken ein, der andere macht im Hintergrund die Buchhaltung. Aber sie dürfen nicht zusammen leben, denn die Schlange würde den Tiger betrügen, und dieser würde sie zerstören.

Schlange/Katze

Ihnen ist die Liebe zu Ruhe und Sicherheit und der Sinn für das Ästhetische gemeinsam. Sie neigen im Leben dazu, dieselben Gebiete zu bevorzugen: Haus, Umgebung, Bequemlichkeit,

Schönheit der Dinge und der Orte. Man kann sie sich gut vorstellen als ein Paar von Dekorateuren. Um ihren Frieden zu haben, ist die Katze weise genug, die Schlange glauben zu lassen, sie sei der Herr und Meister – wenigstens im Gefühlsbereich.

Aber das Zögern der Katze und vor allem ihre tugendhafte Seite gehen der Schlange, die einen sehr viel dehnbareren Begriff von Werten hat, auf die Nerven.

Dennoch, ob es nun im Gefühlsbereich oder in der Freundschaft ist, diese Verbindung ist für beide sehr nützlich. Durch Geduld kann die Katze es vielleicht schaffen, daß die Schlange auch eine Meinung von außen akzeptiert. Und diese, die sich vor keiner Gefahr fürchtet und sich allen Situationen anpaßt, macht die Katze philosophischer.

Schlange/Drache

Eine der besten möglichen Verbindungen für den Drachen, vor allem, wenn die Frau Schlange ist. Tatsächlich sind die Schlange-Frauen klug, verführerisch und elegant. Der Drache-Mann möchte gern stolz auf seine Frau sein, um sich als der Stärkste zu fühlen. Und keine Schlange wird so dumm sein, Geschichten zu machen, um sichtbar an die Macht zu kommen. Die unterirdischen Manöver gefallen ihr soviel besser ...

Wenn die Frau Dache ist, wird es schwieriger: Sie will in der Tat von ihrem Schlange-Mann umscheichelt werden. Er wird es aus Nettigkeit auch einmal machen, indem er sich wie eine Boa um sie herumwindet. Und Drachen mögen sich nicht eingeengt fühlen ...

Läßt man mal die Sucht des Drachen, um jeden Preis zu glänzen, und die Besitzansprüche der Schlange beiseite, ist diese Verbindung zu empfehlen, denn aufs Ganze gesehen, schätzen sich diese Nachbarn aus dem chinesischen Tierkreis und enttäuschen sich selten. Der Drache hat einen zu ausgeprägten Sinn für Ehre, um von seiner Höhe herunterzufallen. Und die Schlange ist tolerant genug, um die Kritik zu unterdrücken, die die Flammen und die Turbulenzen des Partners bei ihr auslösen.

Schlange/Schlange

In der Freundschaft und bei der Arbeit schätzen sich die Schlangen. Es macht ihnen Spaß, sich kleine Streiche zu spielen und sich gegenseitig Fallen zu stellen aus Freude daran, zuzusehen, wie der andere mit einem leicht spöttischen Lächeln daraus entkommt. Sie bringen sich zum Lachen, mögen sich gern. In kleinen Dosen ... Die chinesische Astrologie ist in diesem Punkt sehr entschieden: Zwei Schlangen können nicht zusammen leben, denn sie ersticken sich gegenseitig. Das trifft auf alle Beziehungen zwischen Schlangen zu, besonders in der Liebe und im Verhältnis zwischen Eltern und Kindern. Wenn diese wunderbaren Kriechtiere zu oft Berührung miteinander haben, löschen sie sich gegenseitig aus, wie man eine Kerze ausbläst. Wenn sie das merken – und sie sind weit davon entfernt, bis zum Auslöschen zu gehen – werden sie wütend.

Wenn Sie Schlange sind und jemanden Ihres Zeichens lieben, hier ein Rat: Leben Sie nicht zusammen. Treffen Sie sich von Zeit zu Zeit, das ist besser. Bei mehr als einem Zusammensein in der Woche verändert sich alles schnell zum Schlechten.

Schlange/Pferd

Das Pferd wird oft von der Schlange verführt und wird ihr auch fast treu bleiben in dem Sinn, daß es den – oft ach, so falschen – Eindruck hat, frei wie der Wind zu sein, während sein Schlange-Partner in Wirklichkeit, in einer Ecke zusammengerollt, doch ständig gegenwärtig und ihm unentbehrlich ist. Die philosophische Schlange ihrerseits wird sich darüber nicht aufregen, manchmal wie ein Möbelstück betrachtet zu werden. Sie weiß, wie sie in den Mittelpunkt des Interesses kommt.

Das Pferd unterhält sie durch seine gute Stimmung. Sie kommt sich wie im Zirkus vor!

Aber der Tag wird kommen, da langweilt der Egoismus des Pferdes die Schlange, und sie hat keinerlei Schwierigkeiten, es zu ersetzen. Das ist im Grunde kein Unglück, denn es erspart dem Pferd, verschlungen zu werden ...

Eigentlich ist diese Verbindung positiv und aufregend, sei es im Anfangsstadium, wenn das Pferd noch blind vor Leidenschaft ist, sei es, wenn äußere Hindernisse zu überwinden sind. Wenn es keine gibt, werden sie übrigens erfolgreich welche erfinden.

Schlange/Ziege

Was das Verstehen angeht: Sie können sich verstehen. Das ist nicht das Problem. In der Tat schätzt die Schlange die Vorstellungskraft, die Fantasie und die Kreativität der Ziege unendlich. Die Liebe zur Kunst, zur Schönheit und zur Harmonie vereint die beiden oft. Und sie streiten sich selten. Es ist zu ermüdend.

Aber wer von den beiden soll arbeiten? Die Ziege ist in dieser Beziehung sehr unausgeglichen und schlecht organisiert. Sie soll nur nicht auf die Schlange zählen, wenn es darum geht, ihre Rechnungen zu bezahlen. Die hat schon selbst genug davon. Und wenn sie arbeitet und Geld verdient, dann nur für sich selbst: Erst ich! Bestenfalls gibt es von Zeit zu Zeit ein kleines Geschenk ...

Wenn sie eine Erbschaft gemacht haben, leben sie friedlich. Dann kreieren sie von Zeit zu Zeit etwas, gleichermaßen um sich selbst eine Freude zu machen und um ein wenig Geld zu verdienen. Damit wollen sie anderen beweisen, daß sie es können. Und sie machen sich erbarmungslos lustig über die Opfer der Bus-Arbeit-Schlafen-Routine. Sie sonnen sich in ihrem Egoismus, und selbst, wenn die Ziege manchmal ein wenig am Strick zerrt, es endet damit, daß man sich arrangiert. Rachsucht? Scheidung? Zu ermüdend ...

Schlange/Affe

Ein wunderbares geistiges Verstehen. Auf dieser Ebene sind sie die begabtesten des chinesischen Tierkreises. Sie nehmen leicht auf, denken schnell und ohne Anstrengung nach, passen sich an fast alles an.

Sie ergänzen sich: Der Affe ist in Äußerlichkeiten geschickter, die Schlange geht mehr in die Tiefe. Wirklich, das gibt ein ausgezeichnetes berufliches Team ab, unschlagbar, voller Ideen und Möglichkeiten. Sie sollten sich ohne zu zögern zusammentun.

Aber mit den Gefühlen ist das eine andere Sache. Sicher, der Affe ist traditionell eines der Zeichen, das der Macht der Schlange entkommen kann. Kurz, er läßt sich nicht verschlingen, und die Schlange, angewidert, besteht auch nicht lange darauf. Sie geht und sucht sich eine willigere Beute. Ihre gegenseitige Treue läuft Gefahr, nicht zu dauern ...

Sollen sie also Freunde sein. Das ist soviel einfacher und nützlicher.

Schlange/Hahn

Das ist das ideale Paar der chinesischen Astrologie. Sie stellen traditionell Geist und Materie dar und neigen dazu, sich in harmonischer Einheit gegenseitig auszugleichen. Prosaischer ausgedrückt: Sie verstehen sich sehr gut. Zunächst, weil sie gegenseitig ihre Eleganz sehr schätzen. Fast wahre Vorbilder an Mode, kaufen sie nur erlesene Kleidungsstücke. Sie lieben sich wegen ihres schmeichelhaften Äußeren. Davon abgesehen, verstehen sie sich ausgezeichnet. Der Hahn kann in Frieden krähen. Zwischen zwei Kikerikis erzählt er der Schlange von seinen Heldentaten, und die kommentiert sie mit Humor. Sie fühlt sich in Sicherheit durch die arbeitsfreudige Seite des Königs des Hühnerhofs, der sich – endlich! – verstanden und akzeptiert fühlt, so, wie er ist, und nicht nach seinem glänzenden Federkleid beurteilt.

Der Hahn und die Schlange sind Verbündete. Und selbst wenn sie sich streiten, meist als Folge einer Untreue, bringt sie das Gespräch immer wieder zueinander. Sie lieben es, ganze Nächte lang gemeinsam zu philosophieren ...

Schlange/Affe: ausgezeichnetes geistiges Verstehen

Schlange/Hund

Die Hunde lieben im allgemeinen die Schlangen sehr. Sie schätzen sie wegen ihrer Weisheit und ihrer Tiefe – und vergessen ihre eigennützige, streberhafte Seite. Sie idealisieren sie gern, denn die Schlangen geben ihnen Sicherheit durch ihre Fähigkeit zum Nachdenken. Man kann sich fragen, warum; aber es ist so!

Was die Schlangen angeht, so bewundern sie ernsthaft die Ehrlichkeit der Hunde, selbst wenn sie diese nicht nachahmen wollen. Dennoch kann das gutgehen, in dem Maß, wie die Schlange es hinnimmt, idealisiert zu werden, was ihr nicht lange genügt, denn in der Liebe mag sie die Schwierigkeiten. Sie geht dann rechts und links ein wenig vom Weg ab, nachdem sie ihren

Hund Partner vollkommen gelähmt hat und der sich inzwischen weiter um den Haushalt kümmert. Ach ja, der Hund widersetzt sich kaum. Außerdem ist er doch zufrieden, denn seine Schlange kommt regelmäßig zurück, um mit ihm herumzutollen und ihn damit in der Abhängigkeit zu halten. Recht und schlecht kommen sie weit, der eine aus Liebe, der andere aus Zärtlichkeit. Und immerhin sind sie so glücklich ...

Schlange/Schwein

Nicht selbstverständlich. Am Anfang der Verbindung läuft das Schwein große Gefahr, von der Schlange vollkommen zum Narren gehalten zu werden, deren Ehrlichkeit relativ und sehr persönlich ist.

Die natürliche Güte des Schweins ärgert die Schlange oft, und sie sieht in ihr manchmal, aber nicht immer zu Unrecht, Leichtgläubigkeit, wenn nicht gar Arglosigkeit. Und wer würde nicht die Augenbrauen hochziehen – Heuchler! –, wenn das Schwein sich zu einigen lästerlichen und zweideutigen Reden hinreißen läßt.

Trotz der Schwierigkeiten wird ihre außerordentliche Sinnlichkeit, auch wenn sie sich nicht in derselben Weise äußert, sie wieder zusammenführen. So gut, daß die Schlange nach kurzer

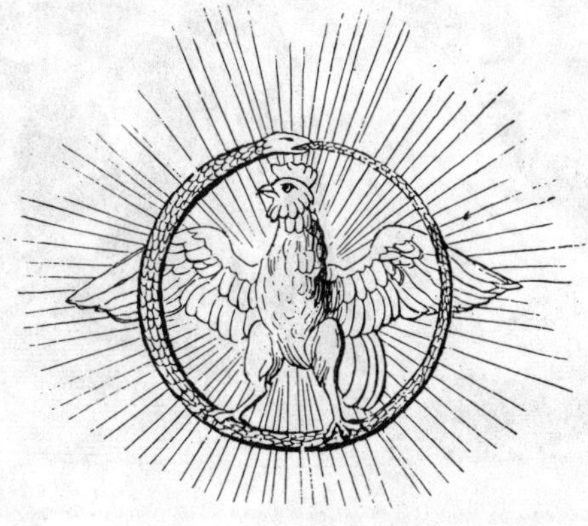

BREVIERE

Zeit gargeschmortes Schwein fressen wird. Und jetzt kommt die Überraschung: Das Schwein reagiert schnell und weiß sich – wenn nötig mit Verteidigungsschlägen – der Macht der Schlange zu entziehen, denn wie der Affe und der Tiger ist es in der Lage, ihr zu widerstehen. Allerdings nicht, ohne ein paar Borsten zu lassen. Es muß also aufpassen, bevor es sich in die Kreise dieses gefährlichen Reptils begibt. Und die Schlange ihrerseits sollte das Schwein nicht für ein Sparschwein halten, sonst erlebt sie böse Überraschungen.

PROMINENTE SCHLANGEN

Baden-Powell, Bartók, Baudelaire, Borodin, Brahms, Louis Braille, Pierre Brasseur, Jacques Brel, Calvin, Casanova, Joseph Conrad, Cortès, Darlan, Darwin, Diderot, Gustave Doré, Dostojewski, Fauré, Faysal von Arabien, Flaubert, Fleming, Henry Fonda, Gandhi, Greta Garbo, Paul Getty, Gide, Gladstone, Goethe, Gogol, Gracia von Monaco, Hassan II., Haussmann, Heinrich Heine, Johannes XIII., John F. Kennedy, Kopernikus, Landru, Lincoln, Harold Lloyd, Louis-Philippe, Louvois, Martin Luther King, Mao, Madame Mao, Matisse, Mendelssohn, Miro, Montaigne, Montesquieu, Nobel, Jacqueline Onassis, Parmentier, Picasso, Edgar A. Poe, Proudhon, Régine, Richelieu, Sartre, Schubert, Madame Tallien, Teilhard de Chardin, Tennyson, Thiers, Vidocq, Vigny, Mae West.

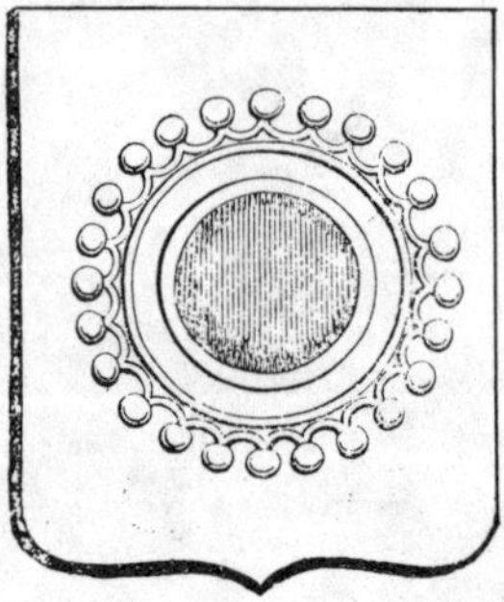

2. Teil

DER WEGGEFÄHRTE

此理、便有此氣。或曰、想是聖人稟得清明純粹之氣，故其死

天。曰、也是如此。這事又微妙難說、要人自看得。世閒道理、有

Nach dem chinesischen Zeichen Ihres Geburtsjahres hier nun das Zeichen Ihrer Geburtsstunde.

Was ist ein Weggefährte? Eine Art »Aszendent« entsprechend Ihrer Geburtsstunde, ein weiteres Tier, das zu den zwölf chinesischen Tierzeichen gehört. Es ist ein Begleiter, der Ihnen folgt, bereit, Ihnen zur Hilfe zu kommen, der die Fallen und Schlingen auf Ihrem Weg beseitigt, ein ständiger, hilfreicher Schatten, der das Unmögliche möglich macht.

Er ist eine Ergänzung, ein Plus: Mit seiner eigenen Beschaffenheit, seinen Neigungen, seiner andersgearteten Psychologie ist er gleichzeitig Zeuge und Handelnder in Ihrem Leben, Schutzengel und Anwalt des Teufels.

Haben Sie nicht auch schon in sich die Gegenwart eines anderen Selbst gespürt, mit dem Sie mal in Harmonie, mal im Konflikt leben? Das Sie mal kritisiert, mal ermutigt? Das ist er, der Weggefährte.

Manchmal stellt er sich als Störenfried und Betrüger dar. Es ist wahr, er stört oft unsere Gewohnheiten und unser geistiges oder seelisches Wohlbefinden. Mit diesem inneren Doppelgänger ist der Weg weniger monoton, und der Reisende vergrößert seine Chancen, das gesteckte Ziel zu erreichen, wobei nicht das Ziel wichtig ist, sondern allein die Reise zählt. Da die größte Gefahr im Schlaf lauert, ist es nützlich, einen Begleiter zu haben, der Sie in »wachem Zustand« halten kann und dafür, wenn nötig, Ihre Bezugspunkte auf den Kopf stellt, Ihre geheimen Gärten zertrampelt und schließlich den großen Schleier der Illusion zerreißt.

Es passiert manchmal, daß Ihr Weggefährte und Ihr Geburtsjahr wie Zwillingsbrüder dasselbe Zeichen haben, beispielsweise Schlange/Schlange. In dem Fall, sollten Sie wissen, wird er Sie dahin bringen, sich selbst einfach anzunehmen und den doppelten Aspekt, Yin und Yang, den Sie in sich tragen, auszuleben. Auf alle Fälle tragen Sie alle zwölf Tiere in sich. Also brechen Sie auf zu dem langen Weg, zum großen Abenteuer, zu der schönen Reise, in deren Verlauf Sie das Erhabene und das Groteske, die vergängliche Wirklichkeit, den Traum und die Scheinwelt in harmonischer Verflechtung vorfinden werden.

Stundentabelle der zwölf Tierzeichen

Wenn Sie zwischen

23 und 1 Uhr geboren sind, ist Ihr Weggefährte	Ratte
1 und 3 Uhr	Büffel
3 und 5 Uhr	Tiger
5 und 7 Uhr	Katze
7 und 9 Uhr	Drache
9 und 11 Uhr	Schlange
11 und 13 Uhr	Pferd
13 und 15 Uhr	Ziege
15 und 17 Uhr	Affe
17 und 19 Uhr	Hahn
19 und 21 Uhr	Hund
21 und 23 Uhr	Schwein

作訟害命
明瞞暗騙如此之報
奈河橋

DIE SCHLANGE UND IHR WEGGEFÄHRTE

Die Schlange/Ratte

Sie sind Brüder, schlagen sich aber gnadenlos. Ihr Gebiet ist dasselbe, aber sie haben es mit Beißen und Kratzen, mit Gift und List erobert. Diese beiden Reisenden sind Meister in der Kunst des Angriffs, im übrigen sind sie intuitiv, professionelle Verführer. Durch gegenseitige Hypnose laufen sie Gefahr, von sich selbst fasziniert zu sein und beim Studium ihres Bauchnabels Schiffbruch zu erleiden. Die Schlange eignet sich kaum zu diesem kleinen Spiel, und für ihren Ratte-Gefährten bleibt sie immer das geheimnisvolle Kriechtier, das unter einem Stein zusammengerollt ist und ihn manchmal in gefährliche Labyrinthe mitzieht.

Die Schlange/Büffel

Die friedliche Büffel-Seite dieser Person wird oft verunsichert durch die Aggressivität der Schlange, die in sich einen Pol wilder, unterirdischer Gewalttätigkeit schaffen kann. Der ruhige Büffel, den Blick fest auf die blaue Linie des Horizontes gerichtet, versteht die Auftritte des Reptils, seine Angriffe, seine Versteckspiele und sein gewundenes Vorgehen nicht. Oft ist er versucht, sie unter seinen Hufen zu zertreten, und daher kommen schmerzhafte innere Konflikte. Der langsame Büffel wird übrigens durch das geheimnisvolle Kriechtier angeregt, das ihn in sumpfige Gebiete mitzieht und ihm das Warten unter dem Stein beibringt. Wenn die Schlange auch verwirrt, so bringt sie dem Büffel-Gefährten sicher bei, daß es Wege gibt, die man manchmal zu umgehen wissen muß.

Die Schlange/Tiger

Ist von der Sorte professioneller Hexen, gerissen und perfide bei Bedarf. Beißen und Giftspritzen zur Erreichung ihrer Ziele macht ihr keine Angst. Auf alle Fälle siegt die Mäßigung des Tigers über die Aggressivität der ungeliebten Schlange. Die Schlange, die sich im Tiger zusammenrollt, kann auch Symbol der Kenntnis und des Erfassens der unterirdischen Welt sein für das Raubtier, das dank seines Ranges zu sehr an die Ehre gewöhnt ist und manchmal die Kriechenden vergißt, die doch denselben Weg gehen. Die Schlange in Ihnen kann so tun, als träte sie in den Hintergrund; wichtig ist ihr, daß sie die Prinzessin der Umwege und der Windungen ist. Aber Achtung, daß Sie nicht selbst in die Fallen gehen, die Sie anderen stellen.

Die Schlange/Katze

Ein merkwürdiges Geschöpf, bei dem man nur schwer den Kopf vom Schwanz unterscheiden kann. Man weiß nicht, an welchem Ende man es anpacken soll. Einerseits die Krallen, andererseits das Gift ... Verliebt in das Fremde, aber wenig abenteuerlustig, neigt die Schlange/Katze dazu, die Reise, schön aufgerollt in der Tiefe eines weichen Sessels, zu betrachten. Aber »bewohnt« von einem Prinzen der Windungen, hat die Schlange/Katze Sinn für Spannung, Geheimnis, für das Unterirdische. Sie holt Geheimnisse unter den Steinen hervor, zögert nicht, selbst die Farbe des Steins anzunehmen aus Freude daran, zu beunruhigen, zu überraschen und aus der Fassung zu bringen. Unerreichbar, geschickt und flüchtig ist sie genauso gefährlich wie verführerisch. Wenn Sie einer Schlange/Katze über den Weg laufen, kneifen Sie sich, sie ist ein professioneller Verführer – sie bekommt Sie mit Charme oder gar mit Erpressung.

Die Schlange/Drache

Als wagemutiges und listenreiches Tier ist die Schlange/Drache ein Reisender, dem das Schicksal hold ist, und was es nicht durch Kraft und Charme bekommen kann, holt es sich durch Tücke und Hexerei. Wenn der Drache manchmal den Nachteil hat, ein wenig schwerfällig und eigensinnig zu sein, läßt die Schlange ihn die Zurückhaltung, den Umweg und die Geduld entdecken. Ein furchterregendes Tier voll »stechendem« Charme. Geben Sie noch einen Hauch von Geheimnis dazu, was nicht verfehlen wird, Ihre Partner zum Schaudern zu bringen – vor Freude oder aus Angst, das ist jeweils Ansichtssache.

Die Schlange/Schlange

Ob Klapper- oder Brillenschlange, sie bevorzugt die Abweichungen und Umwege gegenüber der geraden Straße. Aber das Ergebnis ist dasselbe, sie kommt langsam, aber sicher an dem Ziel an, das sie sich gesetzt hat. Die Schlange/Schlange kann es nicht lassen, Situationen zu erschweren. Wenn ihr etwas zu einfach erscheint, langweilt sie sich. Sie braucht immer ein wenig Würze, ein wenig Schärfe, es sei denn, es geht auf ihre Kosten. Sie ist ein schwieriges Tier, immer in der Defensive, ein wenig aggressiv. Und sie pflegt mit Eifer den Sinn für Besitz, aus dem sie eine richtige Zuflucht und eine Ali-Baba-Höhle gemacht hat, in der sie Schätze anhäuft, die sie eifersüchtig hütet. Wenn Sie ihr auf dem Weg begegnen, machen Sie einen Umweg, auch wenn Sie keine Angst haben. Es wird ihr riesige Freude machen ...

Die Schlange/Pferd

Ein weiser Dandy ... Sie verbindet Eleganz und Hitzigkeit mit sehr hohen moralischen Ansprüchen, die jedoch manchmal mit ihrem Stolz in Konflikt geraten können, denn die Schlange/Pferd erträgt die Niederlage nicht. Sie ist ein Sieger, zögert nicht, zum Opportunisten zu werden, ist listenreich, aber ein Spieler, der weder seine Zunge noch sein Herz im Zaum halten kann. Da die Schlange/Pferd aber einen ziemlich unwiderstehlichen Charme hat, verzeiht man ihr dennoch ihre Unehrlichkeit, ihre Angeberei und selbst ihre Ansätze von Boshaftigkeit. Also nutzen Sie das nicht aus!

Die Schlange/Ziege

Für den, der ihren Weg kreuzt, ist es eher gefährlich, sich zu verlieben. Was die Treue angeht, ist es in der Tat unmöglich, ihr zu vertrauen. Dieses Kriechtier-Ziege ist ein flatterhaftes Wesen voller Fantasie, ein Künstler, der Sie ärgert, wenn Sie sich daranmachen, es zu verführen. Es zeigt sich erst gelehrig, sucht Ihren Schutz und führt Sie schließlich fröhlich an der Nase herum. Die Schlange/Ziege selbst stellt Ausschließlichkeitsansprüche und ist eifersüchtig, denn Widersprüche machen ihr nichts aus, und ihre Unaufrichtigkeit ist entwaffnend. Sie hat viel Glück, guten Geschmack und Finesse im Leben, aber ihre Unausgeglichenheit schafft ihr viel Schaden, der leider nicht immer zu reparieren ist, vor allem in den reifen Jahren.

Die Schlange/Affe

Ist klarsichtig und gut durchorganisiert, kann aber einen sehr ausgeprägten Überlegenheitskomplex nicht verbergen, was ihr große Probleme einbringt, wenn sie nicht aufpaßt. Als intelligentes, schnelles Tier mäßigt sie durch tiefes Nachdenken ihre Neigung, sich mitreißen zu lassen. Aber sie weigert sich immer, auf den Rat anderer zu hören – aus Stolz oder aus Verehrung für ihre eigene Persönlichkeit. Sie schätzt es kaum, daß man über ihre Ideen streitet, und noch weniger, daß man ihre Arbeit oder ihr Wort in Frage stellt. Die Schlange/Affe ist geschwätzig, ritterlich und manchmal verlogen. Dennoch sind ihre Geschicklichkeit und ihr Einfühlungsvermögen ernsthafte Trümpfe.

Die Schlange/Hahn

Ein offenes, intuitives Tier. Es bewältigt seinen Weg mit großem Herzen, viel Willen und Ernsthaftigkeit und korrigiert so seine Neigung zum Umweg – was es nicht daran hindert, unruhig zu sein, trotz seiner scheinbaren Sicherheit. Tatsächlich ist die Schlange/Hahn von unausgeglichener, sprunghafter Laune. Passen Sie auf: Wenn sie ihren schlechten Tag hat, greift sie Sie mit unerwarteter und vollkommen unberechtigter Aggressivität an, nur um sich selbst zu bestätigen. Versuchen Sie nicht, ihr ein ähnliches Verhalten zum Vorwurf zu machen, sie zeigt sich störrisch und wird Ihnen nie verzeihen, daß Sie ihren schwachen Punkt entdeckt haben. Die Schlange/Hahn hält sehr viel auf ihr Image, sie glänzt gern, indem sie sich mit schönen, teuren Dingen umgibt, die oft oberflächlich sind, aber lebenswichtig für ihre Laune.

Die Schlange/Hund

Ist zerrissen zwischen einem ausgeprägten Sinn für Moral und ausgesprochen opportunistischem Handeln. Sie ist auch intuitiv, hat aber eine Neigung zum Pessimismus. Mit ihr wird das Leben sehr kompliziert. Sie ist von Maßlosigkeit gequält und gehört zu der Sorte, die beim kleinsten Windhauch ein Gewitter und bei einigen Regentropfen die Sintflut voraussagen. Immer auf der Hut und auf dem Sprung, läuft sie Gefahr, die Verfolgte, die Angeschossene zu spielen, deren Gesellschaft man nicht besonders gern sucht. Das ist schade, denn die Schlange/Hund ist voller Mut und Wärme, sie kann treu sein, aber sie braucht es, geliebt und bestätigt zu werden.

Die Schlange/Schwein

Sie ist friedlich, zurückhaltend und sensibel, aber eher ein schlechter Spieler von bemerkenswerter Ehrlichkeit. Sie mag nicht gern verlieren und zieht eine menschenverachtende Einsamkeit vor, statt Niederlagen zu riskieren. Unnütz, den Versuch zu machen, sie zu verführen. Sie ist widerspenstig, manchmal sogar borniert. Das hindert sie jedoch nicht daran, leichtgläubig zu sein und auf den Leim zu gehen, während sie zwischen Aggressivität und Flucht schwankt. Denn im Grunde ihres Herzens ist sie tolerant, aber zu stolz. Sie will ihrem Gegner nicht recht geben ... Obwohl sie über allem zu schweben scheint, liebt die Schlange/Schwein das Geld um des Geldes willen und findet es wunderbar, Schätze und Beute anzusammeln. Scheinbar ruhig, kocht es jedoch in ihrem Inneren. Dieses einsame Schlangengeschöpf ist nicht lauwarm. Es ist hart – mit einem weichen Herzen.

3. Teil

DIE SCHLANGE UND DIE FÜNF ELEMENTE

滅身冷、風先火次、魂靈去矣身體侹直無所復知、旬日之間肉

無工夫、則動時固動、靜時雖欲求靜亦不可得而靜、靜亦動也。

IHR ELEMENT

In der chinesischen Astrologie ist jedes Jahr mit einem Element verbunden. Es sind die fünf Elemente: Wasser, Feuer, Holz, Metall, Erde.

Jedes der zwölf Tierzeichen wird also nacheinander mit jeweils einem der fünf Elemente verbunden. Zum Beispiel: Die Ratte ist im Jahr 1900 Metall, 1912 ist sie Wasser, 1924 Holz, 1936 Feuer und 1948 Erde.

Das Ursprungspaar und die fünf Elemente

Dieselbe Verbindung Tier-Element kehrt alle 60 Jahre wieder. Beispiel Ratte-Metall: 1960 - 1900 - 1840 - 1780 - 1720 usw.

Diese fünf Elemente sind wesentliche Kräfte, die auf das Universum wirken, mit den Zeichen verbunden sind und die Grundlage für jedes Horoskop bilden. Bewegung und Fließen, Yin und Yang, diese Kraft-Symbole, sind in ständiger Aktion und Wechselbeziehung.

Das Holz gebiert das Feuer, das gebiert die Erde, die gebiert das Metall, das gebiert das Wasser, das seinerseits das Holz gebiert.

DIE SCHLANGE/WASSER

(Jahrgang 1953)

Im Norden am Himmel wurde die Kälte geboren. Als sie zur Erde niederstieg, erzeugte sie das Wasser. In China ist das Wasser eher gleichbedeutend mit Kälte und Eis als mit der fruchtbaren Quelle.

Die Tendenz Schlange/Wasser

Wasser der Winternächte, Kälte, Härte, Strenge, ruhiges und tiefes Wasser, das Furcht und Respekt erzeugt, schlafendes Wasser, das den ruhenden Unterwasser-Geistern Schutz gibt. Stinkendes, schmutziges Wasser der Sümpfe. Zuflucht der Kriechtiere und der Schlangen.

Die in die Feuchtigkeit verliebte Schlange wird vom Wasser angezogen, von dem der Sümpfe, der Teiche, von dem stehenden Wasser in Gefäßen, im Torf und im Bambussumpf. Dieses Wasser ist nicht stärkend und belebend für die Schlange, es kann eine Verlangsamung, sogar einen Stillstand auf ihrem gewundenen Weg bedeuten, was gefährlich ist für das Kriechtier mit der Yang-Neigung, Symbol der horizontalen Kraft. Die Schlange/Wasser muß das Wasser daher wie ein vorübergehendes Element betrachten, als ein Mittel, ein Werkzeug, aber nicht als ein Ziel.

Die Gesundheit der Schlange/Wasser

Das Organ des Wassers sind die Nieren, die Geschmacksrichtung ist das Salzige. Suchen Sie die stärkenden Wasser, die Bäder im Meer, die Quellen – und nicht die Schlammbäder, obwohl sie wunderbar gegen Rheumatismus sind. Suchen Sie auch die Sonne, das ist für Sie lebenswichtig.

Die Schlange/Wasser und die anderen

Die Schlange/Wasser ist ruhig und weise. Bei ihr herrscht das Nachdenken über das Handeln. In Gesellschaft ist das Wasser oft wohltuend, es beruhigt die überaktive Seite der Schlange und bringt sie zur Meditation, indem es ihr die Möglichkeit bietet, zu regieren, zu herrschen und zu kontrollieren. Die Schlange/Wasser ist gerecht und ehrlich, sie hält ihr Wort, und die Menschen hören ihr zu und lassen sich von ihrer Weisheit und von ihrem Maß führen. Die Schlange/Wasser ist gewaltlos, eine Gegnerin der Wut und der Aggressivität, der unkontrollierten Kraft. Sie ist ganz ihresgleichen zugewandt und hört ihren Problemen zu. Als ausgezeichneter Psychologe und Mensch des klugen Urteils ist sie gleichzeitig ein Anführer mit kühlem Kopf und eine Person mit Herz.

Ratschläge für eine Schlange/Wasser

Sie haben Vorzüge, die nur noch genutzt werden müssen, für andere und für Sie selbst. Lernen Sie, sie zu entdecken und in die Praxis umzusetzen, sonst wenden sie sich gegen Sie, lähmen Sie und verdammen Sie dazu, ewig ein willensschwaches Wesen zu sein.

Ein Jahr der Schlange/Wasser

Der Höhepunkt in einem Schlange/Wasser-Jahr ist der Winter, die Zeit des Reifens. Das Yin des Wassers gleicht das Yang der Schlange aus.

Nutzen Sie dieses Jahr, um sich zu stärken und wieder ins Gleichgewicht zu kommen. Ihre Aktivität bringt Erfolg, aber vermeiden Sie Überanstrengung, der oft die Depression folgt. Keine Übertreibung, erhalten Sie das Gleichgewicht, verschwenden Sie Ihre Energie nicht unnütz. Sie machen alles kaputt, wenn Sie zu schnell und zu weit gehen wollen.

Historisches Beispiel für ein Jahr der Schlange/Wasser

1593

Seit der Ermordung von Heinrich III. im Jahr 1589 durch Jacques Clément, einem Mönch der katholischen Liga, ist das Königreich Frankreich durch einen Bürger- und Religionskrieg zerrissen, aus dem kein Ausweg möglich scheint. Als legitimer Nachfolger des letzten Valois ist Heinrich von Navarra gleichzeitig Führer der Hugenotten. Die Mehrzahl der französischen Katholiken weigert sich kategorisch, einen protestantischen König anzuerkennen, und möchte den Thron lieber den Guisen oder sogar einer spanischen Infantin andienen. Vier Jahre lang führt der Chef der katholischen Liga einen grausamen und verbissenen Krieg gegen den »Ketzer« Heinrich IV. Trotz seiner zahlenmäßigen Unterlegenheit kann der König seine Gegner zurückdrängen, indem er ihre Zerstrittenheit ausnutzt. Dann belagert er Paris. Aber die Hauptstadt verfügt über entschlossene Verteidiger und große Mittel. Die Reihen der fanatischen Priester sind zum Sterben bereit, um den »Unheiligen« zu vernichten. Nach und nach begreift Heinrich, daß nur sein Widerruf – sein Übertritt zum Katholizismus – die Übergabe der Stadt und eine dauerhafte Befriedung des Landes erlaubt. An seine Maitresse Gabrielle d'Estrées schreibt er, daß er bereit sei, diesen »gefährlichen Sprung« zu tun.

Um sich zu rechtfertigen, sagte Heinrich: »Ich fand mich am Rande eines Abgrunds. Meine eigenen Katholiken hatte ich gegen mich, und die des reformierten Glaubens waren bereit, mich zu verlassen. Ich hatte keinen anderen Ausweg. Und vielleicht ist überhaupt die Rivalität der beiden Religionen nur begründet in der gegenseitigen Animosität derer, die sie predigen. Ich werde eines Tages versuchen, mit meiner Autorität Frieden zu stiften.«

Am 23. Juli wird der König vom Erzbischof in der Kirche von Bourges empfangen. Auf die Frage: »Was wünscht Ihr?« antwortet er mit lauter Stimme: »Ich möchte in den Schoß der

römisch-katholischen Kirche aufgenommen werden.« Dann schwört er, »in der katholischen Religion zu leben und zu sterben, sie zu schützen und gegen alles bei Gefahr für Blut und Leben zu verteidigen und auf alle Ketzereien gegen sie zu verzichten«.

Sechs Tage nach dem Öffentlichen Widerruf wird mit den Verteidigern von Paris ein allgemeiner Waffenstillstand unterschrieben. Der Übertritt des Königs hat das Auseinanderfallen der Liga zur Folge. Die Herrschaft des »guten Königs Heinrich« kann wirklich beginnen: Paris war eine Messe wert.

DIE SCHLANGE/HOLZ

(Jahrgang 1905 und 1965)

Im Osten des Himmels wehte der Wind, und aus seiner warmen Liebkosung der Erde wurde das Holz geboren.

Die Tendenz Schlange/Holz

Das Holz gehört zum Morgen, zum Frühling, zu einer sanften Natur, es liebt die Harmonie, die Schönheit und die Eleganz. Der Frühling ist fruchtbar für die Schlange und gibt ihr Ausgeglichenheit und Sinn für das Schöpferische. Sie entwickelt ihren guten Geschmack, ihren Wunsch nach Harmonie und Schönheit noch mehr, und die Natur ist ihre Verbündete, ihre Inspiration, ist Quelle und Springbrunnen, wohin die Schlange geht, um zu trinken und sich zu stärken, wobei sie ihre vielfältigen Kräfte und Geheimnisse entdeckt. Aber das Holz ist auch ein Erreger von Leidenschaft und Zorn und Wut, es ist maßlos, es hat die Neigung, sich mitreißen zu lassen, und wird zum Zerstörer und Verwüster. Die Schlange muß wachsam und klarsichtig bleiben und sich anstrengen, diesem negativen Aspekt ihres Elements nicht nachzugeben.

Die Gesundheit der Schlange/Holz

Das Organ des Holzes ist die Leber, die Geschmacksrichtung das Saure. Die Schlange/Holz ist voller Angst und Qual, und die Krankheiten, die sie bekommt, sind zuerst und vor allem psychosomatisch. Im Fall von Unausgeglichenheit schafft sie sich oft Ersatz durch übertriebenes Essen: Gebäck und Süßigkeiten sind das Richtige für eine Schlange, nicht aber für ihre Leber ...

Die Schlange/Holz und die anderen

Das Element Holz hat einen guten Einfluß auf die Schlange in bezug auf die Gesellschaft. Sich ihrer Schwächen – Angst und Infragestellen – bewußt, reagiert sie mit einer entspannteren Haltung und läßt lieber ihrer Fantasie freien Lauf, als sich den strengen Strukturen einer Gesellschaft zu beugen, in der sie sich am Ersticken fühlt. Eine richtige und vernünftige Haltung, die der Schlange doppelt entgegenkommt, da sie den Kreis dem Quadrat, die Kurve der Ecke vorzieht. Indem es bewußt improvisiert, zieht sich das Schlangentier wunderbar aus den kritischsten Situationen heraus, es gleitet und windet sich durch, indem es den Sturm vorübergehen läßt und äußerlich absolut ruhig wirkt. Erfindungsreich und schöpferisch, ist sie Maler, Dichter, Musiker, Künstler oder Gärtner, Baumzüchter, Landschaftsgärtner, wobei sie die Schönheit mit dem Raum verbindet.

Ratschläge für die Schlange/Holz

Sie sind das Symbol der Harmonie, des Charmes und der Schönheit, Sie träumen von der Weite und der Freiheit. Seien Sie entspannt, einfallsreich, Künstler in der Seele, verlaufen Sie sich nicht, indem Sie sich in einem Büro, einem bestimmten Standard, einem Zwang einschließen. Da Sie aus Holz sind, werden Sie am Ende eintrocknen.

Ein Jahr der Schlange/Holz

Der Höhepunkt in einem Schlange/Holz-Jahr ist der Frühling, die Zeit des Wachsens und des Reichtums. Die Schönheit und die Harmonie sind das ganze Jahr hindurch Ihre Begleiter. Die Schlange/Holz ist in ihrer besten körperlichen und geistigen Verfassung und spielt ihre Wendigkeit und ihre Intuition aus.

Historisches Beispiel
für ein Jahr der Schlange/Holz

1905

Dem Absolutismus des Zarenregimes – »Alleinherrschaft durch Mord gemäßigt« – unterworfen, ist Rußland am Rand des Bürgerkriegs. Anfang 1905 brechen in der Hauptstadt St. Petersburg Streiks aus. »Das Neue«, schreibt der russische Historiker Pawel Miljukow, »ist das Auftreten der Massen in der politischen Arena.« Anfang Januar ziehen Zehntausende von Arbeitern, angeführt von dem Priester Gapon, zum Winterpalast, um dem Zar eine Petition zu übergeben. »Den rein beruflichen Forderungen (Abschaffung von Geldstrafen, Verbesserung der Arbeitsbedingungen) hatten die Arbeiter unter sozialistischem Einfluß politische Forderungen hinzugefügt (Gleichheit vor dem Gesetz, Amnestie usw.). Die Menge trägt Ikonen und Bilder des Herrschers und wird mit Gewehrschüssen empfangen. Es gibt mehr als tausend Tote und Tausende von Verletzten. So wird das Vertrauen des Volkes in den Zaren an diesem blutigen Sonntag erschüttert. Die Streiks greifen auf das ganze Land über, ein sicherer Beweis für die neue Rolle der Arbeiterklasse.

Die Meuterei auf dem Panzerkreuzer ›Potemkin‹ im Juli 1905 verstärkt noch die Gefahr einer Revolution gegen den Zaren. Als er diese Neuigkeiten hört, glaubt Lenin, daß es möglich sei, in Odessa mit Hilfe der aufständischen Seeleute eine Revolutionsregierung einzusetzen, aber die ›Potemkin‹ muß nach Rumänien fliehen, und der Aufstand von Odessa wird niedergeschlagen.« (Jean Ellenstein, Histoire de l'URSS [Geschichte der UdSSR], Editions Sociales.)

1905 findet die Generalprobe für die richtige Revolution statt, die zwölf Jahre später ausbricht und den Sturz von Zar Nikolaus II. und den Triumph des Bolschewismus zur Folge hat.

DIE SCHLANGE/FEUER

(Jahrgang 1917 und 1977)

Im Süden am Himmel wurde die Wärme geboren. Sie stieg zur Erde nieder und machte sie fruchtbar. Aus ihrer Vereinigung wurde das Feuer geboren.

Die Tendenz Schlange/Feuer

Das Element Feuer gehört zum Süden, zum Sommer, das Feuer ist Yang. Es ist das Element, das wärmt, brennt, verändert, vernichtet.

Das Feuer, das die Schlange belebt, nährt ständig ihre Energie, erneuert sie unaufhörlich, aber es kann gefährlich und zerstörerisch sein. Es kann Feuer sein, das frißt und verschlingt. Die Schlange/Feuer muß es beherrschen lernen. Sie darf es weder erlöschen noch auflodern lassen, denn es würde alles auf seinem Weg verschlingen.

Die Gesundheit der Schlange/Feuer

Das Organ des Feuers ist das Herz, die Geschmacksrichtung das Bittere. Feuer des Sommers und des Südens. Lassen Sie sich nicht vom Ärger hinreißen, beherrschen Sie Ihre Aggressivität, alle diese Zügellosigkeiten sind gleichbedeutend mit einem Verlust an Kraft.

Die Schlange/Feuer und die anderen

Kriegerisches Feuer, aber scharfblickendes, klarsichtiges Feuer. Leidenschaftliches und gewalttätiges Feuer, das die großen Taten der Diplomatie vorzieht. Die Schlange/Feuer kann ein Mensch der Tat, des Krieges sein, ein Abenteurer, Künstler oder ausgesprochen militant. Sie ist oft ein überzeugter und überzeugender Individualist.

Leider ist die Toleranz nicht ihre Stärke, und sie muß manchmal Wasser auf ihr Feuer gießen, wenn sie nicht schließlich auf den Scheiterhaufen steigen will, den es entzündet hat.

Ratschläge für eine Schlange/Feuer

Nehmen Sie sich selbst an, aber mäßigen Sie Ihre Flamme, Sie legen zu leicht Feuer ans Pulverfaß, und Sie entfachen Mißklänge, die sich gegen Sie richten können.

Ein Jahr der Schlange/Feuer

Der Höhepunkt eines Schlange/Feuer-Jahres ist der Sommer, die Zeit der Schöpfung. Ihre Yang-Neigung wird zum »großen Yang« hingehen, was Ihnen in jeder Beziehung Dynamik verleiht.

Historisches Beispiel für ein Jahr der Schlange/Feuer

1617

Seit Ravaillac 1610 sein Messer in das Herz von Heinrich IV. gestoßen hat, regiert Königin Maria von Medici Frankreich im Namen des jungen Ludwig XIII. Fast sieben Jahre lang vertraut die Regentin die Führung der Amtsgeschäfte dem italienischen Edelmann Concino Concini an. Dieser abenteuerliche Emporkömmling und Ehrgeizling ist der Mann von Leonora Galigai, einer Ziehschwester der Königin. Überschüttet mit Gold und Ehren, wird der Günstling zum Marschall d'Ancre ernannt.

1617 ist Ludwig XIII. 16 Jahre alt. Er ist also volljährig nach den Gesetzen der Monarchie. Aber Concini hat alle Macht und wird aktiv von der Königinmutter unterstützt. Der junge Herrscher hat nur den Abglanz der Krone. Bald bereitet Ludwig einen richtigen Staatsstreich vor, mit dem er die übermächtige Person beiseite schaffen will. Das Unternehmen ist für den 24. April vorgesehen.

An diesem Morgen postiert sich Vitry, der Chef der Wachen, mit einer Gruppe von Edelleuten am Eingang zum Louvre.

Gegen 10 Uhr berichtet man ihm, daß Concini sein Haus verlassen hat und auf dem Weg zum Palast ist. Sofort wendet sich Vitry, mit dem Mantel um die Schultern und dem Kommandantenstab in der Hand, gemeinsam mit seinen Helfern dem Eingang zu. Von seinem Haus kommend, ging der Marschall zu Fuß die Rue d'Autriche hinunter, dabei las er einen Brief, den ihm gerade ein normannischer Adliger überreicht hatte. Als er auf der Brücke war, wurde das große Tor der Bourbonen geschlossen. Vitry kam, griff den Florentiner beim Arm und erklärte: »Im Namen des Königs, ich verhafte Euch!« Überrascht und verwirrt wich Concini zum Brückengeländer zurück, legte die Hand an das Schwert und sagte: »Zu mir!«, was bedeuten konnte, daß er sein Gefolge zur Hilfe rief. Vitry drehte sich halb um, um seine Gefährten zur Hilfe zu rufen. Und dann gingen in dieser Gruppe fast gleichzeitig fünf Pistolen los. »Zwei Kugeln gingen daneben, eine traf Concini zwischen den Augen, eine zweite am Hals und die letzte ins Auge.« (Pierre Chevalier, Louis XIII, Fayard.)

Wenig später erschien der König an einem Fenster des Louvre. Die Menge begrüßte ihn mit einem wilden Freudenausbruch. »Danke!« rief er, »vielen Dank an Euch! Zu dieser Stund bin ich König!«

Maria von Medici wurde bald gezwungen, ins Exil zu gehen. Was Leonora Galigai betrifft, die Frau des Günstlings, so wurde sie der Hexerei beschuldigt und hingerichtet.

DIE SCHLANGE/ERDE

(Jahrgang 1929 und 1989)

Der feuchte Zenit floß langsam vom Himmel, um die Erde zu erzeugen.

Die Tendenz Schlange/Erde

Erde des Nachmittags, vom Sommer warme und feuchte Erde. Erde als Symbol des weichen Nestes, der Behaglichkeit und des Überflusses. Erde der langsamen und tiefgreifenden Verwandlungen. Gesegnete Erde für die Schlange, zur Ruhe, zur Meditation und zum Träumen einladend. Erde des Nachdenkens, Erde, in der jeder Keim reift, stärker wird und stirbt. Zuflucht, Schlupfwinkel und einsame Höhle, die Feen und Monster beschützt. Die Schlange fühlt sich dort in Sicherheit, fern von allen Prüfungen und Aggressionen der äußeren Welt. Sie neigt dazu, sich in sich selbst zurückzuziehen, sich zusammenzurollen unter dieser Erde, die dazu einlädt, den Griff zu lockern, wenn nicht gar ganz loszulassen. Dieses Element ist Beschützer, aber es dämpft die Schlange, regt sie zum Nichtstun und zur Passivität an. Das Reptil kann nicht ständig unter der Erde leben. Es braucht Sonne, Luft und Feuchtigkeit, ein längerer Winterschlaf würde es verwandeln – in ein Murmeltier.

Die Gesundheit der Schlange/Erde

Das Organ der Erde ist die Milz, die Geschmacksrichtung das Milde. Die Schlange/Erde darf nicht ohne Beschäftigung bleiben, sie muß Ausflüge an die Oberfläche machen, in die frische Luft. Eine gewisse Aggressivität ist notwendig, sie steigert ihren Schwung und ihren Charme.

Die Schlange/Erde und die anderen

Ein kluges und umsichtiges Wesen, das sich nicht für das Leichtgewichtige engagiert, das Für und Wider abwägt und sorgfältig das Terrain sondiert. Von Natur aus mißtrauisch und argwöhnisch, gibt sie einen ausgezeichneten Spekulanten ab, einen klugen Geschäftsführer, der seine Güter langsam, aber sicher und sorgfältig ansammelt – durch Maßnahmen, deren

Rechtmäßigkeit manchmal umstritten ist – und sich beeilt, sie in den tiefsten Tiefen seines Tresors zu vergraben. Sie hat Verantwortungsbewußtsein und erfüllt die Rolle als Familienvater wunderbar, wenn auch manchmal etwas despotisch.

Ratschläge für die Schlange/Erde

Sie sind oft zu sehr Stubenhocker, gehen Sie hinaus, pflegen Sie Kontakte, leben Sie mit der Zeit, schließen Sie sich nicht in Ihre Träume, in Ihre Vergangenheit ein. Legen Sie ein wenig von Ihrer Ängstlichkeit ab und brechen Sie vor allem mit Ihren Gewohnheiten. Die alten Pantoffelhelden oder -heldinnen sind kaum anziehend ... Wenn Sie Ihr Mißtrauen im Geschäftsbereich nicht überwinden können, tun Sie es wenigstens auf der menschlichen Ebene, besonders im Gefühlsbereich. Sie werden Erfolg haben, denn Sie spüren die Sicherheit, wenn Sie kreativ werden.

Ein Jahr der Schlange/Erde

Der Höhepunkt in einem Schlange/Erde-Jahr ist der Sommer. Der Sommer, der für die Schlange günstig ist. Frei von allen materiellen Zwängen entdecken Sie die Freude am Schöpferischen, die Suche, das Studium, aber schließen Sie sich nicht ein, gehen Sie heraus aus Ihrem Loch, kommen Sie hervor unter Ihrem Stein, machen Sie eine Sonnenkur, keine Schlafkur. Seien Sie selbstbewußter, wenden Sie sich mehr der Welt zu.

Historisches Beispiel
für ein Jahr der Schlange/Erde

1809

Dieses Jahr bezeichnet den Gipfelpunkt napoleonischer Herrschaft und den letzten siegreichen Feldzug. Von der Expedition nach Spanien profitierend, wo man den gefährlich abenteuerlichen Kaiser glaubte, hat Österreich im geheimen einen Krieg auf Leben und Tod vorbereitet. Im Verlauf dreier aufeinanderfolgender Kriege, deren letzter vier Jahre zuvor in Austerlitz zu Ende ging, geschlagen, wollten die Habsburger Rache nehmen und viele Erniedrigungen auslöschen.

Im Frühjahr 1809 erscheint Napoleon besonders verwundbar. Die Große Armee ist über ganz Europa verstreut, und seine besten Truppen hat er am Ende der Iberischen Halbinsel gelassen, um den anfälligen Thron seines Bruders Joseph zu verteidigen. Außerdem haben die Engländer versprochen, für Ablenkung zu sorgen, indem sie ihre Rotröcke an der französischen Küste an Land gehen lassen.

Im April fällt Erzherzog Karl von Österreich in Bayern ein. »Ich marschiere«, sagt er. Preußen rührt sich, es lauert auf den ersten Rückschlag, um sich der Koalition gegen Napoleon anzuschließen. Trotz der Allianz bedrohen die Russen Polen. In Tirol ist der Aufstand voll ausgebrochen. In Italien bringen die Österreicher den Truppen des Vizekönigs Eugène von Beauharnais schwere Niederlagen bei. Für den Kaiser ist dies eine der kritischsten Lagen, um so mehr, als er nur über junge, unerfahrene Rekruten und Soldaten des Rheinbundes verfügt.

Es gelingt ihm dennoch, diese Unterlegenheit durch Manöver von fantastischer Schnelligkeit auszugleichen. In vier Tagen, vom 20. bis zum 23. April, zerstreut Napoleon die Armee von Erzherzog Karl und nimmt sie gefangen. Der Erzherzog muß Hals über Kopf den Rückzug antreten und sieht sich sogar gezwungen, Wien aufzugeben, wo am 11. Mai die Franzosen einziehen. Aber die Habsburger haben Reserven. Der Erzherzog stellt sich an die Spitze einer zweiten Armee, die der Kaiser

am 21. Mai in Essling angreift. Die Zerstörung der Brücken, die seinen Truppen die Überquerung der Donau sichern sollten, zwingt Napoleon, die Kämpfe zu unterbrechen, nachdem er übrigens vorher am Rand der Katastrophe gestanden hatte.

Am 6. Juli führt eine neue Operation zu der Schlacht bei Wagram. Dieses Mal ist der Sieg unstreitig. Den Tod in der Seele, unterzeichnet Kaiser Franz einen Waffenstillstand. Dieser Krieg hat ihn ein Viertel seiner Truppen gekostet und seine Finanzen ruiniert. In der Hoffnung, den Sieger zu erweichen und die Bedingungen zu erleichtern, gibt der österreichische Kaiser ihm im Oktober seine Tochter Marie Louise zur Frau. Diese Erzherzogin von 18 Jahren ist da erfolgreich, wo die besten Generäle gescheitert sind. Nach und nach kann sie die Maßlosigkeit und das Mißtrauen ihres Mannes besänftigen – was später Österreich die Möglichkeit gibt, ihm den tödlichen Schlag zu versetzen.

DIE SCHLANGE/METALL

(Jahrgang 1941)

Vom Westen am Himmel kommend, berührte die Trockenheit die Haut der Erde und erzeugte das Metall. Winde aus weit entfernten Steppen auf der Suche nach der Lebenskraft.

Die Tendenz Schlange/Metall

Das Metall gehört zum Abend, zum Herbst, zur Kälte. Es symbolisiert die Klarheit, die Reinheit und die Festigkeit. Es trennt und schneidet, sein Temperament ist unbeugsam, seine Reden bissig. Es schwankt zwischen Schönheit und Zerstörung. Im übrigen hat es Sinn für Leistungen. Bei der Ernte ist es das Eisen, das die Ähren schneidet. Leider erzeugt zuviel Strenge Traurigkeit und Mißmut. Die Schlange/Metall wird von ihrem Element beschützt, von einer richtigen Rüstung, die sie vor äußerer, aber nicht vor innerer Gefahr bewahrt, denn dieser Panzer aus Metall läßt keine Töne und keine Düfte durchdringen, Gefühle und Schwingungen, die für den Menschen lebenswichtig sind. Das Metall kühlt die Schlange bis zur Kaltblütigkeit ab, es hat die Neigung, sie zu härten und streng zu machen. Das Schlangentier verliert seine Geschmeidigkeit und seine Intuition. Stellen Sie sich eine ganz gerade Schlange vor: Sie würde brechen ... Im übrigen wird sie durch ein reines, unerreichbares Ideal angezogen, was sie nur noch mehr in ihre dogmatische Strenge einschließt. Schneiden Sie ein Loch in Ihre schöne Rüstung, lassen Sie da ein wenig Sauerstoff und Träume eindringen, Sie brauchen das.

Die Gesundheit der Schlange/Metall

Das Organ des Metalls ist die Lunge, seine Geschmacksrichtung das Scharfe. Atmen Sie Sauerstoff, gehen Sie an die frische Luft, segeln Sie oder steigen Sie auf die Berge, vermeiden Sie die Höhlen oder das Tiefseetauchen – auf jeden Fall psychologisch.

Die Schlange/Metall und die anderen

Die Schlange/Metall ist ein energischer Mensch, ein Soldat, ein hoher Funktionär, ein Richter, ein Beichtvater, kurz in allen

Berufen, in denen man keine Späße macht. Auf jeden Fall ist die Schlange/Metall immer gerecht und geradeheraus, gewissenhaft und ehrlich. Manchmal ist sie fanatisch, immer rein. Verliebt in gut gemachte Arbeit, auf der Suche nach Perfektion in der Ausführung, hart gegen sich selbst, ist sie erbarmungslos mit den anderen, besonders mit denen, die sie liebt, also schätzt. Sie bleibt sich selbst gegenüber immer klarsichtig und leidet vielleicht unter ihrer eigenen Härte, ist aber viel zu stolz, um ihre Fehler zu erkennen, und verfolgt unermüdlich ihren Weg – aus Angst, sich den Kopf ein wenig verdrehen zu lassen.

Ratschläge für die Schlange/Metall

Sie nehmen sich selbst zu ernst, seien Sie weniger ernsthaft und unerbittlich. Lächeln Sie, machen Sie einen Scherz, es fehlt Ihnen manchmal an Humor, doch der ist das beste Mittel gegen Tragödien und Verhängnisse.

Ein Jahr der Schlange/Metall

Der Höhepunkt in einem Schlange/Metall-Jahr ist der Herbst. Die Yin-Neigung dieser Jahreszeit verbindet sich mit dem Yang der Schlange und verleiht ihr Mäßigung und Ausgeglichenheit.

Nutzen Sie diese Wechselwirkung von Yin und Yang, um die Geschmeidigkeit Ihrer Vorfahren wiederzuentdecken. Kommen Sie heraus aus Ihrer Rüstung, entspannen Sie sich, geistig und körperlich, Sie können alles gewinnen. Um zu herrschen, ist Strenge nicht unverzichtbar: Überreden Sie sich, daß Entspannung und Weichheit nicht Schwäche bedeuten.

Historisches Beispiel für ein Jahr der Schlange/Metall

1521

Durch eine Reihe von Manifesten hat Luther gerade das Zeitalter der Reformation eingeleitet und den deutschen Protestantismus begründet, indem er mit der römisch-katholischen Kirche gebrochen hat. Anfang des Jahres 1521 präsidiert Karl V. beim Reichstag in Worms, der das ketzerische Tun Luthers verdammt und ihn auffordert, sich öffentlich zu äußern.

»Luther kam im Wagen, in ein Mönchsgewand gekleidet, umgeben von etwa hundert Edelleuten, die ihm als Ehrengarde dienten. Ein Porträt von Cranach zeigt den Abgemagerten, das Gesicht verwüstet von den inneren Stürmen, aber die Augen waren lebendig, voller Feuer. Unterwegs predigte er in Erfurt und Gotha vor der Menge. Nachdem sie ihn gehört hatten, brandschatzten die Studenten in Erfurt das Haus des Domherren. Am 17. April erschien er ein erstes Mal vor Gericht. Der Gerichtsvertreter von Trier stellte ihm zwei Fragen: Ob er die Bücher, die man ihm vorlegte, als seine anerkenne. Ob er zum Widerruf bereit sei. Auf die erste Frage antwortete er zustimmend. Über den zweiten Punkt bat er, ziemlich bekümmert, nachdenken zu dürfen. Der Kaiser gab ihm Zeit bis zum nächsten Tag. Bei der zweiten Anhörung trug er mit fester Stimme eine Rede vor, die er während der Nacht vorbereitet hatte: Er schwor nichts ab. Er widerrief nichts. Er hatte Gott und die Wahrheit auf seiner Seite. »Ich bin durch die von mir angeführten Schriftzeugnisse überwunden und gefangen in Gottes Wort.« Noch einige Tage lang trat der Erzbischof von Trier mehrfach an ihn heran, um ihn zum Nachgeben zu bringen und die Entscheidung zu verschieben. Aber er weigerte sich und verließ die Stadt am 26. April. Im Mai erschien das Edikt, das ihn unter die Reichsacht stellte: Niemand durfte ihm Essen und Obdach geben. Jeder mußte darauf bedacht sein, ihn zu finden, zu ergreifen und der kaiserlichen Macht auszuliefern. Diese feierlichen Vorschriften hinderten ihn nicht daran, in Deutschland zu bleiben und dort bis an das Ende seiner Tage zu leben.« (Pierre Gaxotte, Histoire de l'Allemagne [Die Geschichte Deutschlands], Flammarion.)

Aber diese Kirchenspaltung sollte einen der blutigsten politischen und religiösen Kriege der Geschichte auslösen.

Vergleichende Übersicht über die verschiedenen Elemente

Elemente	Holz	Feuer
Ziffer	8	7
Farben	grün	rot
Jahreszeit	Frühling	Sommer
Klima	Wind	Hitze
Geschmack	sauer	bitter
Hauptorgan	Leber	Herz
Nebenorgan	Blase	Dünndarm
Nahrung	Getreide, Geflügel	Reis, Schaf

Übersicht über das Verstehen zwischen den Elementen

			Frau Holz
○○○	Wunderbares Glück	**Mann/Holz**	● ●
○○	gute Übereinstimmung, Verständnis	**Mann/Feuer**	○
○	müssen sich Mühe geben	**Mann/Erde**	● ●
●	Rivalität und Probleme mit gegenseitiger Beherrschung	**Mann/Metall**	○
●●	Disharmonie und Unverständnis	**Mann/Wasser**	○ ○

Erde	**Metall**	**Wasser**
5	9	6
gelb	weiß	schwarz
Ende des Sommers	Herbst	Winter
Feuchtigkeit	Trockenheit	Kälte
milde	scharf	salzig
Milz	Lunge	Nieren
Magen	Dickdarm	Blase
Mais, Rind	Hafer, Pferd	Erbsen, Schwein

Frau Feuer	**Frau Erde**	**Frau Metall**	**Frau Wasser**
○	○ ○ ○	○	○ ○
○	○ ○	●	● ●
○ ○	○ ○	○ ○ ○	●
● ●	●	● ●	○ ○ ○
● ●	●	○ ○ ○	○

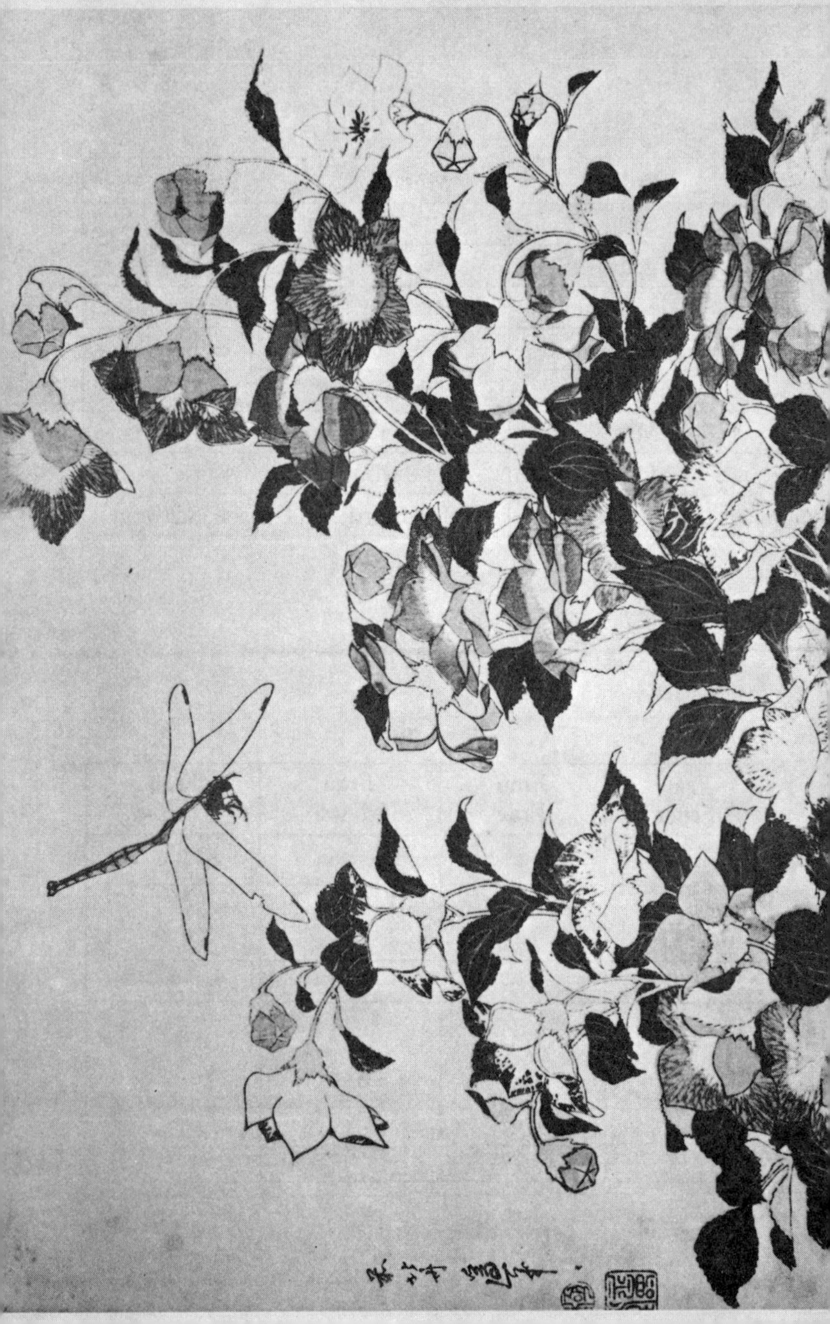

4. Teil

DIE SCHLANGE IN DEN VIER JAHRESZEITEN

念眾生有老病死苦惱大

門法服持鉢行步安詳目

Wenn Sie im Frühling geboren sind

Schlange/Widder

Das ist eine sehr widersprüchliche Persönlichkeit, denn selbst mit dem modernsten Mixer wüßte man nicht, wie man die »Anhänger der geringsten Anstrengung«-Seite der Schlange mit der Liebe zur besonderen Tat des Widders mischen sollte. Der unter dieser Kombination Geborene läuft Gefahr, ein überraschendes Verhalten an den Tag zu legen und ein brutales Erwachen zu erleben. Man darf ihm nicht auf die Schuppen treten. Er hält eifersüchtig an seiner Unabhängigkeit fest. Er lebt nach seinem Rhythmus (das ist eine beschönigende Beschreibung), zeigt sich aber charmant, wenn man ihn materiell und gefühlsmäßig sein eigener Herr sein läßt. In dem Fall kommt die Schlange/Widder immer wieder nach Hause. Aber wenn man sie ärgert, geht sie. Gut, das vorher zu wissen ...

Die Schlange/Widder denkt oft schneller, als sie handelt, aber sie ist sehr kreativ. Sie kann ein begabter Künstler werden, aber materiell neigt sie ein wenig dazu, darauf zu warten, daß das Glück sich einstellt und daß ihr Geldbeutel sich von allein durch das Eingreifen des Heiligen Geistes füllt. Sie ist nicht sehr ausdauernd und ändert den Weg, wenn sie den Eindruck hat, daß sie auf einem Abstellgleis ist. Von allen Schlangen ist sie vielleicht diejenige, die die wenigsten Schwierigkeiten hat, die am gesündesten und liebenswertesten egoistisch ist. Und die offenste.

Schlange/Stier

Charmant und ein Pantoffelheld, liebt diese Schlange es, sich in der Sonne aufzuwärmen. Ihre Verdauung ist langsam. Sie ist nicht besonders aktiv und mag es kaum, wenn man sie schüttelt. Sie ist unvergleichlich, wenn sie gähnend antwortet: »Aber es brennt doch gar nicht ...« Sie hat immer Zeit. Man hält sie für glücklich und gleichgültig. Achtung! Die Schlange/Stier ist realistisch und sehr klarsichtig, wenn es um ihre Bedürfnisse nach Bequemlichkeit geht. Wenn es sich darum handelt, die Bequemlichkeit zu erhalten oder zu verbessern, dann streckt sie sich und richtet sich auf, und ihr Vorgehen ist ebenso natürlich und unabänderlich wie die Flut.

Die Haut der Schlange/Stier ist fest, ihre Persönlichkeit widerstandsfähig, aber sie ist materialistisch und besitzergreifend, und sie kann um den Schlaf gebracht werden von dem Gedanken, daß ihre Aktien sinken. Eine Geldabwertung, und sie gerät an den Rand der Depression ...

Im intimen Beieinander ist sie freundlich und liebevoll, für eine Schlange ist sie eher treu. Und entsetzlich eifersüchtig; so eifersüchtig, daß Othello grün vor Neid würde. Der kleinste, unschuldigste Blick, den ihr Partner jemand anderem zuwirft, macht sie krank. Achtung: Sie braucht vielleicht zehn Jahre, bis sie reagiert, aber dann nimmt sie ihre »große Wut«, und nichts kann sie aufhalten. Sie verhält sich wie ein wütender Elefant. Wenn Sie eine Schlange/Stier betrügen wollen, verstecken Sie sich gut oder kaufen Sie sich eine Rüstung.

Schlange/Zwillinge

Langsame Schlange. Sie ist eher unruhig für eine Schlange, aber ihr Biß ist nicht tödlich. Sie ist nicht bösartig, und wenn sie jemandem Kummer macht, dann immer aus Gefühlsgründen. In der Tat, man kann sie nicht halten. Sie ist flatterhaft, undiszipliniert, derartig gewunden, daß man nur schwer weiß, wo sie anfängt und wo sie aufhört. In diesem Fall kann man sagen, daß sie durch die Finger gleitet.

Es ist schwer, mit der Schlange/Zwillinge im Gefühlsbereich zusammen zu leben, aber ihre Gesellschaft bereichert sehr. Sie ist intelligent, intuitiv, brillant, geht mit Ideen um, wie ein Zauberkünstler mit seinen Utensilien spielt. Sie ist fähig, Kühlschränke an Eskimos zu verkaufen und Pelzmäntel an die Bewohner der Tropen. Nichts ist unmöglich für sie. Sie überzeugt, überredet, verführt so gern ... Deshalb fasziniert und umgarnt sie sicherlich die kleinen verirrten Rotkäppchen.

Schlange/Zwillinge: Ihre Gesellschaft bereichert

Unnötig, zu sagen, daß die Schlange/Zwillinge nur zu wählen braucht: Alle Wege stehen ihr offen, besonders diejenigen, die Geschicklichkeit, Diplomatie und Beredtsamkeit erfordern. Alle – nur nicht die Arbeit in einem Kohlebergwerk oder in einem Dock, denn sie ist von schwacher Natur.

Wenn Sie im Sommer geboren sind

Schlange/Krebs

Diese Schlange ist sensibel, empfindsam und ein wenig egoistisch. Sie hält sich leicht für den Mittelpunkt der Welt und kann lange – auf sich selbst zurückgezogen – vor sich hin dösen. Um die Wahrheit zu sagen: Es gibt nichts Fauleres als eine Schlange/Krebs. Sie empfindet eine tiefe Freude am Nichtstun, streckt sich lässig, genießt dabei ihr Wohlbehagen und betrachtet die Zeit, die vergeht. Brüskieren Sie sie nicht, sie wird böse, wenn man sie stört, oder verschließt sich wie eine Auster unter Ihren Händen. Sie hat dafür viel Fantasie, eine bemerkenswerte Intuition, und sie ist verständnisvoll. Die Schlange/Krebs handelt schlagartig, und dann ist sie sehr wirkungsvoll; denn eigensinnig und opportunistisch, läßt sie ihre Pläne lange im voraus reifen. Danach schläft sie wieder ein. Sie ist kaum für einsame, zwingend notwendige Arbeiten geschaffen, aber am Ende schafft sie die Arbeit gar nicht so schlecht, ohne allzu angestrengt zu wirken. Das ruft manchmal Neid bei ihrer Umgebung hervor.

Der Familie sehr liebevoll verbunden, schätzt die Schlange/Krebs die Intimität, sie streckt sich gern am Feuer aus, von den Lieben umgeben und ihnen mit der ihr eigenen Heiterkeit zuhörend, während draußen ein Unwetter tobt. Machen Sie sich keine Sorgen um ihre Zukunft: Es wird ihr nie an etwas fehlen. Wenn Sie nicht zum Handeln motiviert ist, läßt sie sich mit Freuden versorgen.

Schlange/Löwe

Das ist eine schöne Verbindung, denn die erobernde Kraft des Löwen hat einen antreibenden Einfluß auf die nachdenkliche Seite der Schlange; andererseits vermindern deren Intelligenz und Klarsicht die Fehler des Löwen (autoritäres Verhalten, Neigung, sich selber zu ernstzunehmen usw.). Die Schlange/Löwe gibt gute Ratschläge. Sie denkt nach, bevor sie handelt, aber sie läßt sich nicht durch Hindernisse entmutigen. Sie hat

Schlange/Löwe: energisch und klarsichtig

einen ausgeprägten Willen und Mut, ist ausgeglichen und anpassungsfähig.

Achtung! Man könnte sie für zurückhaltend und bescheiden halten, weil sie kein Machtbedürfnis äußert. Aber deswegen braucht sie es keineswegs weniger, an erster Stelle zu stehen, und sie liebt es, wenn man ihr mit großen bewundernden Augen zuhört. Das ist ihr Schwachpunkt. Das gibt ihr Selbstbestätigung, denn sie ist im Grunde nicht sehr selbstsicher. Sie liebt es, wenn man sie liebt.

Ehrgeizig, wie sie ist, haßt es die Schlange/Löwe, sich einzuschränken, und im allgemeinen verdient sie genug Geld, um sich ihre Wünsche zu erfüllen. Sie fühlt sich wohl im Luxus und ist in der Lage, ihn zu schaffen. Das Glück ist oft auf ihrer Seite, denn die Augusttage sind heiß, und es ist gut für die Schlange, bei schönem Wetter geboren zu werden.

Schlange/Jungfrau

Diese beiden Zeichen glänzen durch ihr Organisationstalent. Das heißt, daß die Schlange/Jungfrau sehr gut weiß, wohin sie geht, und sie geht nicht einfach irgendwohin. Sie ist so klug, daß es schon ärgerlich werden kann, denn sie hat fast immer recht. Zum Glück hat sie, wie fast alle Schlangen, Charme. Sie ist sehr sicher, weil sie ihrer Lebensart, ihren Unternehmungen und ihren Verpflichtungen treu bleibt.

Die Schlange/Jungfrau wird vom Kopf bestimmt. Sie denkt viel nach, beweist Klarsicht und sucht ihresgleichen, wenn es darum geht, Fallen auszuweichen. Man muß sich fragen, ob sie überhaupt Dummheiten macht. Sie macht sie, denn wer macht die nicht? Aber sie bekommt das so hin, daß man es nicht merkt. Sie zeigt von sich selbst nur das, was sie gern möchte. Immer elegant und fein zurechtgemacht, spricht sie nie große Worte in der Öffentlichkeit. Sie macht Ihnen immer Ehre, sie ist kein Tölpel. Aber sie ist im Grunde nervös und ängstlich. Die sexuelle Ausgeglichenheit hat für sie große Bedeutung. Enttäuscht oder betrogen, wird sie zänkisch, rachsüchtig und nachtragend und beweist einen ebenso heftigen Sinn für Kritik, wie sie anfangs tolerant erschien.

Wenn Sie im Herbst geboren sind

Schlange/Waage

Wenn Sie schon einmal eine Schlange/Waage kennengelernt haben und ihrem Charme widerstehen konnten, lassen Sie es mich wissen. Sie verdienen eine Medaille. Und im übrigen nehme ich an, daß Sie sich Ihrer Heldentat bewußt sind. In der Tat, diese Schlange ist unwiderstehlich verführerisch, sie liebt es zu gefallen und hat mehrere Pfeile im Köcher – Amor-Pfeile natürlich. Die Taktik einer Kavalleriespitze ist nicht ihre Stärke,

Schlange/Skorpion: Erreicht immer ihre Ziele

außerdem mißtraut sie ihr. Sie verführt mit Weichheit und in aller Unschuld. Vor ihr bleibt man fasziniert stehen ...

Unendlich empfindsam für die Harmonie, fein und ästhetisch, ist die Schlange/Waage nicht kämpferisch, manchmal muß sie sogar ein wenig geschüttelt werden, sonst versinkt sie in schöne Träume. Sie ist unsicher, zögernd und ein wenig willensschwach. Wenn man an ihren Gerechtigkeitssinn, an ihre Friedensliebe – im besten Sinne des Wortes – appelliert, motiviert man sie am besten. Als Apostel der Gewaltlosigkeit ist sie zu unermüdlicher Aktivität fähig, wenn es darum geht, »eine gewisse Lebensqualität« zu erhalten. Achtung! Die Schlange/Waage spaßt nicht mit der Ehre.

Schlange/Skorpion

Die Verbindung der beiden giftigen Tiere scheint furchterregend, und man zögert, bevor man die Hand ausstreckt. Glücklicherweise ist die Schlange/Skorpion von maßvoller Aggressivität und wendet sie vor allem gegen sich selbst an. Sie beißt oder sticht nur, wenn man in ihren Augen eine reine Böswilligkeit begeht, und zeigt sich alles in allem eher tolerant, denn ihr außerordentlicher Scharfblick erlaubt es ihr, die Beweggründe der anderen zu verstehen. Sie ist ein guter Psychologe, der ganze Abende gern damit verbringt, Menschen in der Umgebung zu »entblättern«, zu philosophieren oder Selbstbetrachtung zu betreiben.

Zerrissen und ängstlich hinter einem friedlichen Äußeren, wechselt sie häufig die Haut. Ihr Lebensrhythmus wird bestimmt von den aufeinanderfolgenden Häutungen, begleitet von tiefen Existenzkrisen. Die Schlange/Skorpion ist mit einer großen inneren Kraft ausgestattet, und sie bringt es immer fertig, ihre Ziele zu erreichen. Diskret. Sie ist ein wenig ein Geheimniskrämer. Nachtragend wie ein Elefant und besitzergreifend wie eine Boa, läßt sie sich gern mit Respekt behandeln. Statt ihre Rachsucht auf sich zu ziehen, suchen Sie lieber das

Schlange/Schütze: dynamisch ▷

Gespräch. Das ist die beste Methode bei ihr. Wenn man sie vor vollendete Tatsachen stellt, wenn man ihre Eigenliebe verletzt, verwandelt sie sich in eine Distillerie von langwirkendem Gift und rollt sich auf. Wenn Sie sie dann zehn Jahre später wiedertreffen, wundern Sie sich nicht, wenn sie Sie beißt ...

Schlange/Schütze

Eine dynamische Schlange. Ohne Lust zu haben, eine olympische Medaille im Laufen nach Hause zu bringen. Sie kriecht ziemlich schnell und erreicht ihr Ziel. Die Klarsicht und die Intuition der Schlange, ihr Sinn für Organisation, hindern die Schütze-Persönlichkeit daran, sich in zu weit entfernte Unternehmungen zu stürzen und sonstwen zu besuchen. Unabhängig, wie sie ist, hat die Schlange/Schütze auch das Gefühl dafür, ihrer Umgebung eine relative Freiheit zu lassen. Aber Achtung! Sie legt ziemlich großen Wert auf Prinzipien und akzeptiert nicht, daß man mit der Moral herumjongliert. Sie ist ehrlich.

Sie ist auch ziemlich autoritär und ein wenig erdrückend, immer bereit, Sie mit Ratschlägen zu überschütten, um Sie dann nachher mit Beschimpfungen zu quälen und Sie mit ihrer Verachtung zu strafen, wenn Sie die dumme Idee hatten, diesem Rat nicht zu folgen. Die Schlange/Schütze haßt den Widerspruch, und wenn man sie frontal angeht, verbeißt sie sich.

Realistisch, wie sie ist, widersteht die Schlange nur schwer dem sanften Klingeln von Goldstücken. Sie hat eine Schatzsucher-Seite und unverschämtes Glück. Wenn sie zur Entdekkung irgendeines Paradieses aufbricht, können Sie ihr ruhig folgen: Sie läßt Sie nicht unter den Brücken schlafen. Wenn Sie sie dann bitten, den Schatz mit Ihnen zu teilen, ist es weniger sicher, daß sie es tut; denn ihre Großzügigkeit ist relativ: Sie liebt es, Geschenke zu machen, hält aber ihre Groschen zusammen.

Wenn Sie im Winter geboren sind

Schlange/Steinbock

Das ist ein kaltblütiges Tier, das unter seinem friedlichen Äußeren seine Emotionen zügelt und die Welt mit beeindruckendem Scharfblick betrachtet. Ihr Blick hat die Schärfe eines Laser-Strahls: Sie braucht manchmal Zeit, um sich für einen Weg zu entscheiden, aber wenn sie sich zu einem entschließt, dann können Sie sicher sein, daß es der richtige ist. Eine Schlange/Steinbock hat nicht die Zeit, sich zu irren. Ihr ganzes Leben reicht kaum aus, damit sie das bekommt, was sie sich wünscht. Für die Gipfel geschaffen, ausdauernd und hartnäckig, scheint sie die Bedeutung des Wortes »Entmutigung« nicht zu kennen. Sie ist zweifellos die widerstandsfähigste unter den Schlangen, aber sie spaßt nicht. Noch einmal: Sie hat andere Dinge zu tun.

Wenn eine Schlange/Steinbock in ihrem Inneren beschlossen hat, Sie zu verführen, ist es unnütz, ein Flugticket an das andere Ende der Welt zu kaufen oder sich zu Hause einzuschließen, es sei denn zu dem einzigen Zweck, die Eroberung für sie noch aufregender zu machen. Sie weicht in der Tat vor Schwierigkeiten nicht zurück. Sie wird nicht müde und wendet alle Mittel an, um Sie wieder einzufangen, von der Flugzeugentführung bis zur Verwandlung in einen Hoteldieb. Man widersetzt sich einer Schlange/Steinbock nicht. Im übrigen ist es nicht leicht, mit ihr zu leben, weil sie anspruchsvoll und individualistisch ist. Sie hat auch andere Qualitäten: Sie besitzt einen bemerkenswerten Geschäftssinn und ändert nicht alle zehn Sekunden ihre Meinung. Das ist ziemlich beruhigend. Außerdem hat sie einen »kalten Humor«, eine seltene Eigenschaft. Wirklich, ein großartiges Schlangengewächs.

Schlange/Wassermann

Eine Schlange mit Federn. Sie lebt ein wenig in den Wolken, wenn nicht gar in der Utopie. Sie ist vielleicht die am wenigsten materialistische unter den Schlangen, und das tägliche Brot ist nicht ihre Hauptsorge. Dagegen ist sie bemerkenswert intuitiv, menschlich und zugänglich. Sie hat Antennen und reagiert mit tiefem Mitgefühl auf die kleinsten Herausforderungen der Außenwelt.

Diese Schlange hat das Zeug zu einem Weisen, zu einem Wegbereiter des Genies, und sie kann ihr Glück finden im Okkultismus oder auf den Gebieten, in denen es um die Erforschung des menschlichen Geistes geht. Aber die Einzelheiten des Alltags langweilen sie, und wenn Sie sie ärgern, indem Sie ihr etwas vom Monatsende, von Lohnsteuer und anderen belanglosen Dingen erzählen, geht sie zurück auf ihre Fliegende Untertasse. Man muß sie schonen, muß sie ihrem einmaligen schöpferischen Geist freien Lauf geben lassen, aber ihr helfen, in die richtigen Bahnen zu kommen, denn sie ist ein wenig willensschwach.

Die Schlange/Wassermann hat oft Gefühlsprobleme, denn sie vereinbart ihre eigene totale Freiheit nur schwer mit den liebevollen Ansprüchen des anderen. Obwohl sinnlich wie alle Schlangen, ist sie immer ein wenig abwesend und kann sich mal entsetzlich eifersüchtig, dann wieder von quälender Gleichgültigkeit zeigen. Zum Glück ist sie so verständnisvoll, daß man mit ihr immer einen Bereich des Verstehens finden kann, wenn man nicht versucht, sie einzuengen.

Schlange/Fische

Das ist eine sehr gewundene Verbindung, und dadurch, daß sie sich im Kreis dreht und zwischen zwei Wassern schwimmt, läuft die Schlange/Fische Gefahr, sich schließlich in den Schwanz zu beißen und im Teufelskreis ihrer Fantasie zu leben. Sie hat Schwierigkeiten, herauszufinden, was sie wirklich will, und die Vielfalt ihrer Begabungen macht ihr die Wahl nicht leichter. Selbst wenn das schade ist, sie muß manchmal ein bißchen auf die Schienen gehoben werden. Sie wird dort niemals den Geschwindigkeitsrekord aufstellen und sich manchmal verirren, aber sie schafft es immer, etwas Interessantes zu tun. Die Schlange/Fische ist begabt mit einer großen Aufnahmefähigkeit und einer bemerkenswerten Wahrnehmungskraft.

Schlange/Steinbock: nicht sehr fröhlich

Weich, anpassungsfähig und opportunistisch, kommt sie wunderbar zurecht, tut ganz unschuldig und fühlt sich fabelhaft in ihrem Durcheinander. Widersetzt man sich ihr, wird die Schlange/Fische mürrisch, passiv und vergiftet die Atmosphäre ... Zum Glück ist sie nicht sehr empfindlich, oder sie hört nicht zu ...

Im Gefühlsbereich läuft sie Gefahr, ins Melodramatische umzukippen, und sie hat Freude an Verbrechen aus Leidenschaft. Sie lebt große Leidenschaften aus, die immer kompliziert sind, stellt sich unendlich viele Fragen und macht sich Theater vor. In ihren früheren Leben hat sie schon einmal den Roman »Vom Winde verweht« durchlebt.

Sie ist wenigstens unterhaltsam. Man langweilt sich nicht mit ihr. Im übrigen braucht man ein ganzes Leben, um von ihr auf die kleinste Frage eine präzise Antwort zu erhalten ...

5. Teil

然聖人如此說、便是有此理。問死者魂氣既散、而立主以主

DAS ASTROLOGISCHE I-GING-SPIEL

些子氣在這裏否。曰、古人自始死、弔魂復魄、立重設主、便是常

I GING
UND DIE SCHLANGE

I Ging ist ein Wahrsagespiel. Sie stellen Ihre Frage und bekommen eine Antwort. Aber Sie stellen Ihre Frage als SCHLANGE. Das Räderwerk, der ganze Mechanismus Ihres Geistes wird sich in Bewegung setzen. Sie stellen eine SCHLANGE-Frage, I Ging gibt eine SCHLANGE-»Lösung«, über die Sie als SCHLANGE nachdenken können, bevor Sie daraus eine SCHLANGE-Schlußfolgerung ziehen.

Für Sie, Meisterin SCHLANGE, hier die 64 Hexagramme des I Ging, 64 Hypothesen für die SCHLANGE.

Der Spieler sitzt vor einem Hexagramm, das die »hypothetische Antwort« auf seine Frage ist, oder genauer die Verbindung der Kräfte, die sich in bezug auf die Frage oder das erwartete Ereignis bewegen.

So wird gespielt:

1. *Die Frage*

Stellen Sie eine Frage zu irgendeinem Problem der Gegenwart oder der Zukunft, das Sie persönlich betrifft. (Menschen in Ihrer Umgebung sollten das I-Ging-Spiel in dem entsprechenden Buch über ihr eigenes chinesisches Sternzeichen nachschlagen!)

2. *Die Auslosung*

Sie muß bei voller Konzentration stattfinden.

Nehmen Sie drei normale gleiche Geldmünzen, zum Beispiel drei Markstücke.

Bevor Sie anfangen, merken Sie sich dies:

Kopf = die Zahl 3
Zahl = die Zahl 2

Werfen Sie die Münzen.

Bei zwei Münzen mit Zahl und einer mit Kopf, schreiben Sie 2+2+3 auf. Das macht zusammen 7, was Sie durch eine gerade Linie ——— darstellen.

Dieselbe Linie, wenn Sie dreimal Kopf geworfen haben (3 + 3 + 3 = 9).

Bei zweimal Kopf und einmal Zahl (3+3+2 = 8) oder dreimal Zahl (2 + 2 + 2 =6) zeichnen Sie zwei getrennte Linien — —

Zusammenfassung: 7 und 9 entsprechen ——— (Yin)
6 und 8 entsprechen — — (Yang)

Wiederholen Sie diesen Vorgang sechsmal, und zeichnen Sie dabei jedesmal die Linienkombination auf. Dabei gehen Sie von der ersten bis zur sechsten Figur von unten nach oben vor.

Das **Endergebnis** ist eine untere Dreierkombination (Beispiel: ☲) und eine obere Dreierkombination (Beispiel: ☵), die zusammen ein **I-Ging-Hexagramm** ergeben, in unserem Beispiel: ䷾

Sie brauchen nur noch die dazugehörige Zahl in der Übersicht (S. 120) nachzuschlagen und dann die Übersicht der Hexagramme nach der Antwort zu befragen. In unserem Fall trägt das Hexagramm die Nummer 63.

Übersicht über die Hexagramme

Dreier-kombination	oben ☰	oben ☷	oben ☳
unten			
☰	1	11	34
☷	12	2	16
☳	25	24	51
☵	6	7	40
☶	33	15	62
☴	44	46	32
☲	13	36	55
☱	10	19	54

Benutzen Sie diese Übersicht, um die Hexagramme zu finden. Am Schnittpunkt der unteren und der oberen Dreier-

oben

☵	☶	☴	☲	☱
5	26	9	14	43
8	23	20	35	45
3	27	42	21	17
29	4	59	64	47
39	52	53	56	31
48	18	57	50	28
63	22	37	30	49
60	41	61	38	58

kombination finden Sie die Nummer des Hexagramms, die Sie brauchen.

DIE HEXAGRAMME DER SCHLANGE

K'IEN

1 

Der Schöpferische. Die Energie, die Kraft und der Wille, zur rechten Zeit und Stunde angewandt und beherrscht, begünstigen die Schöpfung, die der Prinzessin der Windungen lieb ist.

K'OUEN

2 

Der Empfängliche. Nachdem Sie sich mit der Zeit verbunden haben, schöpfen Sie Kraft, indem Sie zur Mutter Erde zurückkehren. Gewinnen Sie Abstand, beobachten Sie, ziehen Sie sich zurück. Und vergessen Sie nicht, daß die Nacht Rat bringt.

TCHOUEN

3 

Die Grundschwierigkeit. Geben Sie nicht den äußeren Umständen die Schuld für Ihre Enttäuschungen. Setzen Sie sich nicht weiter in den Kopf, Weizen in einem Sumpf anpflanzen zu wollen …

MONG

4 

Der jugendliche Übermut. »Nicht ich suche den jungen Narren, der junge Narr sucht mich.« Sie sind zu tiefgehenden Gedanken, zum Nachdenken fähig, lassen Sie sich keinesfalls von Ihrer spekulativen Kraft überwältigen, und nehmen Sie sich nicht zu ernst.

SU

5 

Das Warten. Das ist Ihr Hauptverbündeter, Ihre Überlegenheit, Ihre bestes As! Je mehr die Dinge um Sie herum in Bewegung geraten, desto besser ist es für Sie, unbeweglich zu bleiben.

SONG

6 

Der Konflikt. Das ist nicht der Augenblick, daß Sie Ihr Gift 36mal im Mund umdrehen, wenn Sie sich im guten Recht wissen. Aber im gegenseitigen Fall – Achtung! Vor einem zu hohen Hindernis zurückweichen zu können, ist manchmal weise.

SZE

7 

Die Armee. Obwohl Sie ein ausgesprochener Individualist sind, müssen Sie sich der Disziplin beugen und Unterwürfigkeit vortäuschen.

PI

8 

Die Solidarität. Gestalten Sie die Bindungen an Ihre Umgebung enger und verknüpfen Sie sorgfältig Ihre Ringe.

SIAO TCH'OU

9 

Die Macht, das Kleine zu zähmen. Täuschen Sie sich in nichts, unterschätzen Sie nichts, stufen Sie nichts als »klein« ein, bevor Sie sich nicht versichert haben, daß Sie nicht kurzsichtig sind.

LI

10 

Der Marsch. »Marschieren Sie am Schwanzende des Tigers, dann beißt er den Menschen nicht.« Selbst wenn Sie unter Ihren Schuppen Grünspan ansetzen, zischen Sie nicht beim Anblick von Kratzern. Seien Sie gutmütig: ein bißchen mehr Vorsicht und Großzügigkeit.

TAI

11 

Der Friede. Jede Feindseligkeit wird friedlich unter einer wohlwollenden Herrschaft. Beharren Sie nicht auf Ihrem Standpunkt, nähern Sie sich denen, die Sie lieben, seien Sie ganz Sanftmut ...

P'I

12 ䷋ *Die Stagnation.* Ist nützlich vor dem Angriff. Beherrschen Sie Ihr Zittern, lassen Sie Ihre Zähne und Ihr Gift verschwinden, gewinnen Sie Abstand, ohne daß Ihre Wachsamkeit nachläßt.

T'ONG JEN

13 ䷌ *Die Gemeinschaft mit den Menschen.* Die frische Luft und das Tageslicht sind gut und nicht nur dafür, daß Sie es sich in der Sonne bequem machen. Versuchen Sie sich anderen mitzuteilen, öffnen Sie sich mehr der Welt und den anderen, vermeiden Sie die Hintergedanken.

TA YEOU

14 ䷍ *Das große Haben.* Die Schlange hat Glück, vorausgesetzt, sie will sich wirklich Mühe geben und gibt sich nicht damit zufrieden, das Glück wie ein seltenes Ei auszubrüten.

K'IEN

15 ䷎ *Die Demut.* Es ist klar, daß die Schlange das Symbol des Waagerechten ist, aber im Fall des Angriffs richtet sie sich auf und geht in die Senkrechte. Erhalten Sie das Gleichgewicht, selbst bei Prüfungen.

YU

16 ䷏ *Die Begeisterung.* Es ist wahr, daß Sie anziehen, erstaunen und verunsichern, aber Sie müssen etwas von sich selbst geben, ohne dafür etwas zu erwarten.

SOUEI

17 ䷐ *Die Abfolge.* Sie können die Früchte Ihrer Arbeit oder Ihrer Verführung ernten; passen Sie auf jeden Fall auf, daß Sie nicht zu sehr in Euphorie geraten.

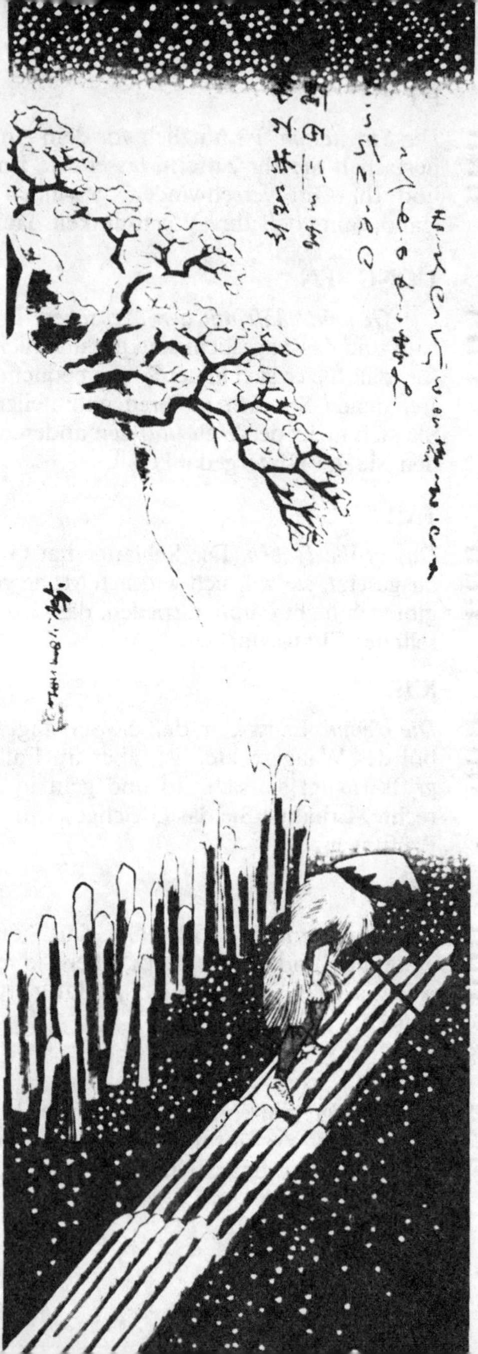

KOU

18 ䷑ *Das Arbeiten an dem, das schlecht ist.* Kaufen Sie sich trotz Ihrer Eitelkeit eine Brille oder Kontaktlinsen: Sie müssen der Situation ins Gesicht sehen …

LIN

19 ䷒ *Die Annäherung.* Muß vorsichtig und langsam sein, denn wenn die Sonne zu sehr brennt, droht ein Gewitter. Treffen Sie mehr Vorsichtsmaßnahmen.

KOUAN

20 ䷓ *Die Kontemplation.* Eine etwas narzißtische Zeit. Passen Sie auf, daß Sie sich nicht im Kreis drehen. Vergessen Sie nicht die Welt draußen und die Anforderungen des Alltags.

CHE HO

21 ䷔ *Die Fehler angehen oder Der Kriminalprozeß.* Zeigen Sie die Zähne, um Ihre Feinde zu entmutigen und dem Schicksal ein wenig nachzuhelfen. Bringen Sie die Lüge ans Licht, Sie beseitigen das Hindernis.

PI

22 ䷕ *Die Anmut.* Lassen Sie sich nicht von einer Falle anziehen, wo es glänzt, da ist nicht unbedingt Licht. Wenn man Ihnen ein Geschenk macht, werfen Sie es nicht in den Mülleimer, während Sie die Verpackung behalten …

PO

23 ䷖ *Der Knall.* Verpflichten Sie sich nicht in einem Haus, in dem die Termiten die Grundpfosten angenagt haben. Vertrauen Sie nicht auf die äußere Erscheinung.

FOU

24 ䷗ *Die Rückkehr.* Öffnen Sie Ihre Türen und Ihre Vorhänge, die Sonne ist aufgegangen, die Krise ist vorbei, Sie können in aller Ruhe ins Freie treten.

WOU WANG

25 ䷘ *Die Unschuld.* Die intuitive Schlange kann sich ganz und gar ihrer Intuition überlassen, aber sie muß ehrlich und ein guter Mitspieler bleiben, wenn sie sich einmal geirrt hat.

TA TCH'OU

26 ䷙ *Die Macht, das Große zu zähmen.* Macht und Kraft. Die Schlange wechselt die Haut, sie erneuert sich, sie häutet sich. Tun Sie das auch, wenn Sie Schwung und Energie bewahren wollen.

YI

27 ䷚ *Die Mundwinkel.* Wer Schlange sagt, meint nicht unbedingt gleich Boa. Lassen Sie Ihre Augen nicht größer sein als den Magen, lassen Sie Ihren Kopf nicht zu voll sein, sondern nur gut voll.

TA KOUO

28 ䷛ *Die Überlegenheit des Großen.* Lernen Sie die unnützen Lasten abzuwerfen, die Ihren gewundenen Weg verlangsamen.

KAN

29 ䷜ *Das Unergründliche, das Wasser.* Äußere Bedrohung. Richten Sie sich nicht auf, rollen Sie sich nicht auf, setzen Sie Ihren Weg ruhig, aber unauffällig fort, ohne Aufmerksamkeit zu erregen.

LI

30 ䷝ *Was sich verbindet, das Feuer.* Bewahren Sie Ihre Ruhe und seien Sie nicht ständig im Alarmzustand, wenn Sie im richtigen Moment wirkungsvoll sein wollen. Schaffen Sie sich Bindungen, nehmen Sie Kontakt mit der Natur auf: Sie wird Ihnen helfen.

HIEN

31 ䷞ *Der Einfluß.* Sie werden fasziniert und Sie faszinieren, verschieben Sie Ihre Pläne also nicht auf morgen. Ein Rat: Gehen Sie nicht zu lange um Menschen und Dinge herum, bevor Sie sich entscheiden.

HONG

32 ䷟ *Die Dauer.* Und wenn Sie sich innerlich ein wenig in Frage stellen würden ... Innere Wandlungen sind auch nötig für ein gutes Gleichgewicht.

TCHOUEN

33 ䷠ *Der Rückzug.* Ziehen Sie sich mit Sanftheit zurück, so, wie Sie die Kunst beherrschen, es lautlos und unauffällig zu tun. Das ist keine Flucht, sondern Weisheit.

TA TCH'OUANG

34 ䷡ *Die Macht des Großen.* Kraft, verbunden mit der Bewegung. Lassen Sie sich nicht von dem Wirbel davontragen, Sie würden jede Kontrolle verlieren über das, was Sie umgibt, und über sich selbst.

TSIN

35 *Der Fortschritt.* Zögern Sie nicht, sich in die vorderste Reihe zu stellen, sich zu zeigen, sich bekannt zu machen, obwohl es auf diesem Gebiet unnötig ist, Sie lange zu bitten. Aber akzeptieren Sie die Zusammenarbeit, der Kuchen muß geteilt werden, seien Sie nicht zu gefräßig.

MING YI

36 *Die Verfinsterung des Lichts.* Äußerlich: Wechseln Sie selbst die Sicherungen aus, warten Sie nicht auf den Elektriker. Im Inneren: Gewöhnen Sie sich daran, das Schwarze zu verlassen. Man macht sie Gedanken darum, und das Dunkle wie die Wolken verschwinden.

KIA JEN

37 *Die Familie.* Selbst wenn man eine untreue Schlange ist, die Familie hat wenigstens den Vorteil, dazusein. Wenn Sie sich allein fühlen, gibt sie Ihnen Sicherheit, und Sie täten gut daran, sich Mühe zu geben, sich einzuordnen, nicht nur in der Zeit des Schiffbruchs.

K'OUEI

38 *Der Gegensatz.* Über Geschmack und Farben streitet man nicht, man entdeckt sie. Man muß versuchen, sie zu verstehen, ohne sie ohne Nachdenken anzunehmen oder zurückzuweisen.

KIEN

39 *Das Hindernis.* Wenn Sie nichts mehr davon sehen, schenken Sie sich eine Brille, es ist unnütz, weiter tastend voranzugehen, das könnte gefährlich werden. Wenn man Ihnen die Hand hinhält, weisen Sie sie nicht zurück, vielleicht ist da eine Stufe …

HIAI

40  *Die Befreiung.* Das Gewitter ist vorbei, machen Sie wieder Ordnung, aber kommen Sie heraus aus Ihrem Schneckenhaus.

SOUEN

41  *Die Verkleinerung.* Im Fall von Schwierigkeiten: Entdecken Sie die Einfachheit wieder. Schenken Sie Vertrauen, spontan und natürlich, das Leben wird Ihnen dann wieder fröhlicher erscheinen.

YI

42  *Die Vermehrung.* Das ist der Augenblick zum Handeln, das Barometer steht fest auf »Schön«.

KOUAI

43  *Der Durchbruch.* Sie können zum Angriff übergehen, dieses eine Mal ist das gerechtfertigt. Ihre Ehrlichkeit wird hell strahlen, tragen Sie den Kopf hoch erhoben, prangern Sie den Fehler an, Sie stehen im Rampenlicht.

KEOU

44  *Zur Begegnung kommen.* Die Schlange kennt die schlafenden Wasser, auf jeden Fall muß sie mißtrauisch sein, die Vorsicht verdoppeln, obwohl die Sümpfe zu ihrem Universum gehören. Sie sollte sie nicht zum Treffpunkt wählen ...

TS'OUEI

45  *Die Versammlung.* Muß Menschen aller Kategorien und die unterschiedlichsten vereinen. Suchen Sie die Bindung und hüten Sie sich vor Schmarotzern.

CHENG

46 *Der Drang nach oben.* Sie sind selbstsicher, Sie können aufbrechen, aber bereiten Sie Ihre Reiseroute vor, kümmern Sie sich um Ihre Reise, vernachlässigen Sie nichts, halten Sie sich bei den Einzelheiten auf, ohne die Stunde des Aufbruchs zu vergessen …

K'OUEN

47 *Die Niedergeschlagenheit.* Sie verlieren an Geschwindigkeit, Ihr magnetisches Fluidum wirkt nicht mehr, besinnen Sie sich auf sich selbst.

TSING

48 *Der Brunnen.* Es ist gut, sich zu ändern, zu verwandeln, zu häuten, aber Erneuerung heißt nicht Zerstörung.

KO

49 *Die Revolution.* Ist manchmal notwendig, bauen Sie Barrikaden, damit Sie auf eventuelle Zusammenstöße vorbereitet sind.

TING

50 *Der Kessel.* Symbolisiert die fünf Elemente: Erde – Holz – Feuer – Wasser – Metall, Nahrung des Geistes und des Körpers. Lernen Sie ein Gleichgewicht zu finden zwischen Ihren geistigen Bedürfnissen und den körperlichen Notwendigkeiten.

TCHEN

51 *Der Erwecker, die Erschütterung, der Donner.* Manchmal passiert es, daß einem ein Licht aufgeht, wenn einem ein Dachziegel auf den Kopf fällt. Machen Sie kein Drama daraus, legen Sie einen Umschlag drauf und gehen Sie Ihren Weg weiter, vielleicht ist er sogar besser beleuchtet.

KEN

52 ䷳ *Die Unbeweglichkeit, das Gebirge.* Die Einsamkeit ist oft eine gute Ratgeberin; halten Sie sich für den Augenblick daran, schaffen Sie Ruhe in sich und um sich herum.

TSIEN

53 ䷴ *Der schrittweise Fortschritt.* Zu akzeptieren, die Stufen eine nach der anderen zu nehmen, ist klüger, als immer vier zu überspringen und einen Sturz zu riskieren.

KOUEI MEI

54 ䷵ *Die Braut.* Eine hypnotisierende Schlange darf ihrerseits nicht unterliegen. Vorsicht und Nachdenken unter allen Umständen.

FONG

55 ䷶ *Der Überfluß.* Reichtum, Fülle, das Gras ist grün und die Kirschbäume blühen, warten Sie nicht, bis das Gras gelb wird und die Blüten welken, um etwas vom Leben zu haben.

LIU

56 ䷷ *Der Reisende.* Reisen formen die Jugend, sie mildern die Leidenschaften und den Kummer. Gewinnen Sie Abstand, aber sehen Sie auch, was hinter Ihnen ist.

SOUEN

57 ䷸ *Das Sanfte.* Die Welle liebkost den Felsen unermüdlich und dringt in ihn ein mit Sanftheit, aber schließlich vernichtet sie den härtesten Felsbrokken.

DUPRE.S.

TOUEI

58 

Das Heitere, das Fröhliche, der See. Versuchen Sie das andere Ufer zu entdecken. Wenn Sie nicht gern schwimmen, bauen Sie eine Brücke.

HOUAN

59 

Die Auflösung. Versuchen Sie, Ihre Umgebung besser zu erkennen und zu verstehen. Lassen Sie Ihren Egoismus im Schrank.

TSIE

60 

Die Begrenzung. Wenn die Brückengeländer nützlich und praktisch sind, stecken Sie sich selbst nicht zu enge Grenzen. Ihr Weg würde zum Irrweg werden.

TCHONG FOU

61 

Die innere Wahrheit. Versuchen Sie nicht zu übertragen, was nicht übertragbar ist. Ihre Haltung allein muß überzeugen. Erheben Sie nicht die Stimme, um sich Gehör zu verschaffen, aber seien Sie tiefgründig und ernsthaft.

SIAO KOUDO

62 

Das Übergewicht des Kleinen. Wenn Sie nicht schwimmen können, stürzen Sie sich nicht ins Wasser, schon gar nicht ohne Rettungsring …

KI TSI

63 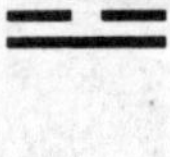

Nach der Vollendung. Lernen Sie, das Aufblühen der Rose zu bewundern und ihr Verblühen in den Falten der Blütenblätter zu lesen.

WEI TSI

64 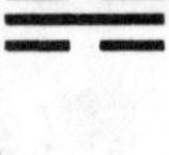

Vor der Vollendung. Schmücken Sie sich nicht vor der Siegerehrung mit Lorbeeren …

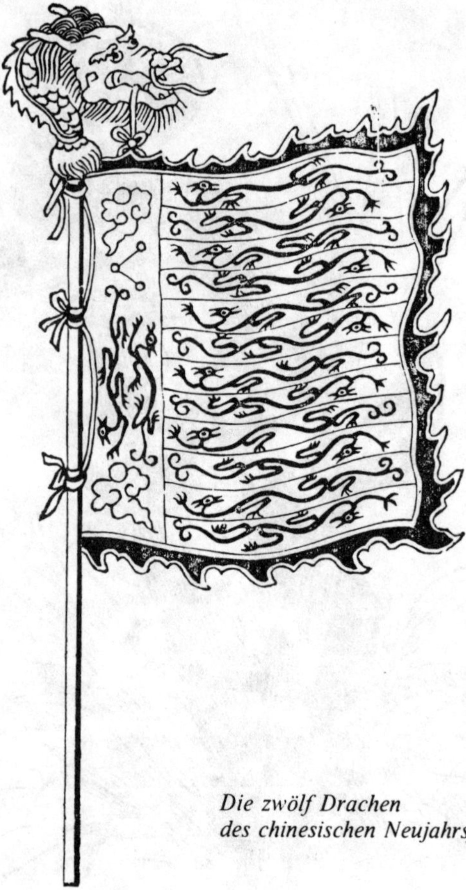

Die zwölf Drachen
des chinesischen Neujahrsfestes

Übersicht über die Jahre, die zu den chinesischen Zeichen gehören

Die Ratte	Der Büffel	Der Tiger
31.1.1900/18.2.1901	19.2.1901/ 7.2.1902	8.2.1902/28.1.1903
18.2.1912/ 5.2.1913	6.2.1913/25.1.1914	26.1.1914/13.2.1915
5.2.1924/24.1.1925	25.1.1925/12.2.1926	13.2.1926/ 1.2.1927
24.1.1936/10.2.1937	11.2.1937/30.1.1938	31.1.1938/18.2.1939
10.2.1948/28.1.1949	29.1.1949/16.2.1950	17.2.1950/ 5.2.1951
28.1.1960/14.2.1961	15.2.1961/ 4.2.1962	5.2.1962/24.1.1963
15.2.1972/ 2.2.1973	3.2.1973/22.1.1974	23.1.1974/10.2.1975
2.2.1984/19.2.1985	20.2.1985/ 8.2.1986	9.2.1986/28.1.1987

Die Katze	Der Drache	Die Schlange
29.1.1903/15.2.1904	16.2.1904/ 3.2.1905	4.2.1905/24.1.1906
14.2.1915/ 2.2.1916	3.2.1916/22.1.1917	23.1.1917/10.2.1918
2.2.1927/22.1.1928	23.1.1928/ 9.2.1929	10.2.1929/29.1.1930
19.2.1939/ 7.2.1940	8.2.1940/26.1.1941	27.1.1941/14.2.1942
6.2.1951/26.1.1952	27.1.1952/13.2.1953	14.2.1953/ 2.2.1954
25.1.1963/12.2.1964	13.2.1964/ 1.2.1965	2.2.1965/20.1.1966
11.2.1975/30.1.1976	31.1.1976/17.2.1977	18.2.1977/ 6.2.1978
29.1.1987/16.2.1988	17.2.1988/ 5.2.1989	6.2.1989/26.1.1990

Das Pferd	Die Ziege	Der Affe
25.1.1906/12.2.1907	13.2.1907/ 1.2.1908	2.2.1908/21.1.1909
11.2.1918/31.1.1919	1.2.1919/19.2.1920	20.2.1920/ 7.2.1921
30.1.1930/16.2.1931	17.2.1931/ 5.2.1932	6.2.1932/25.1.1933
15.2.1942/ 4.2.1943	5.2.1943/24.1.1944	25.1.1944/12.2.1945
3.2.1954/23.1.1955	24.1.1955/11.2.1956	12.2.1956/30.1.1957
21.1.1966/ 8.2.1967	9.2.1967/28.1.1968	29.1.1968/16.2.1969
7.2.1978/27.1.1979	28.1.1979/15.2.1980	16.2.1980/ 4.2.1981
27.1.1990/14.2.1991	15.2.1991/ 3.2.1992	4.2.1992/22.1.1993

Der Hahn	Der Hund	Das Schwein
22.1.1909/ 9.2.1910	10.2.1910/29.1.1911	30.1.1911/17.2.1912
8.2.1921/27.1.1922	28.1.1922/15.2.1923	16.2.1923/ 4.2.1924
26.1.1933/13.2.1934	14.2.1934/ 3.2.1935	4.2.1935/23.1.1936
13.2.1945/ 1.2.1946	2.2.1946/21.1.1947	22.1.1947/ 9.2.1948
31.1.1957/15.2.1958	16.2.1958/ 7.2.1959	8.2.1959/27.1.1960
17.2.1969/ 5.2.1970	6.2.1970/26.1.1971	27.1.1971/14.2.1972
5.2.1981/24.1.1982	25.1.1982/12.2.1983	13.2.1983/ 1.2.1984
23.1.1993/ 9.2.1994	10.2.1994/30.1.1995	31.1.1995/17.2.1996

Die angegebenen Daten beziehen sich auf den *ersten* und den *letzten Tag* im Jahr des betreffenden Zeichens.

BIBLIOGRAPHIE

Catherine Aubier, ASTROLOGIE CHINOISE (M. A. Editions)

Paula Delsol, HOROSCOPES CHINOIS (Mercure de France)

Xavier Frigara und Helen Li, TRADITION ASTROLOGIQUE CHINOISE (Dangles)

Jean-Michel de Kermadec, LES HUIT SIGNES DE VOTRE DESTIN (L'Asiathèque)

Suzanne White, L'ASTROLOGIE CHINOISE (Tchou)

I Ging:

LE LIVRE DES MUTATIONS (Editions Médicis)

Dominique Devic, LE YI-KING (L'Autre Monde, Nr. 16)